W0180861

SOFIA TSAKIRIDOU

eat
love
happiness

Inhalt

Vorwort 5

Meine Story 7

LOVE 14
Deine Gedanken und Fragen zum Thema Liebe 16
Rituale 18
Dein guter Start in den Tag 19
Wie findest du zu mehr Selbstliebe? 20
Yoga erfüllt mich 24
Den Geist beruhigen 26
Meditation Selbstliebe 29

HAPPINESS 30
Deine Gedanken und Fragen zum Thema Happiness 33
Dein Glück in Bildern 34
9 Quicktipps, die dich sofort glücklicher machen 36
Kostbare Lebenszeit 40
Social Media – helle und dunkle Seiten 42
Meditation Happiness 44

EAT 46

Deine Gedanken und Fragen zum Thema Ernährung 49

Soulfood 50

Warum ich Vegetarierin bin 53

»Be prepared« 54

Superfood 55

Mit Freunden an einem Tisch 58

REZEPTTEIL

BREAKFAST
To start the day right 61

YOU GET THE POWER
Quick & easy Mains for busy days 81

COOKING FOR FRIENDS
Because sharing is caring 103

SWEETS FOR MY SWEETIES
Always eat with joy 125

Danksagung 147

Behind the scenes 148

Register 150

Impressum 152

Vorwort

»Eine Umarmung von einem Menschen, der dich liebt, macht sofort glücklich!«

Es gab eine Zeit in meinem Leben, in der ich rastlos, nicht bei mir selbst war. Sehr jung stand ich vor den Anforderungen des Modellebens und hatte noch kein Bewusstsein für mich selbst. Auch die Anforderungen unserer Generation, der Social-Media-Welt haben mich nachdenklich gemacht. Ich fühlte mich zeitweise getrieben oder zu Handlungen, Gefühlen veranlasst, die nicht meine waren.

Durch die Hektik des Alltags habe ich eine Weile nicht gut auf mich geachtet. Viel mehr Dinge gegessen, die Haut, Bauch und Seele nicht gut taten. Zu wenig Bewegung, zu viel Hektik und gestohlene Zeit. Es war ein Prozess, den Fokus wieder mehr darauf zu richten, was mein Herz erfüllt, was mir guttut. Wie ich mehr Liebe, Freude und Gesundheit in mein Leben bringen kann. Ich habe Yoga für mich entdeckt, mit dem Meditieren begonnen und meine Ernährung bewusster gestaltet. Das ist immer besser gelungen und meine vielen wunderbaren Follower auf Instagram und meinem Blog haben mir gezeigt, dass dieser Weg nicht nur für mich wertvoll ist, sondern sie dadurch inspiriert wurden.

Deshalb teile ich meinen Weg sehr gerne mit dir und habe in diesem Buch viele Anregungen für dich zusammengetragen. Darunter meine liebsten Rezepte und Gedanken für ein achtsameres, tieferes Leben. Damit möchte ich dich zu einem glücklichen Menschen mit einem glücklichen Bauch machen.

Es ist gar nicht so schwer oder zeitaufwendig, sich gesünder zu ernähren und dabei alle Sinne zu erfreuen. Und es macht vor allem wirklich viel Spaß und Freude. Meine Rezepte sind in der Regel sehr schnell zubereitet. Denn so sehr ich das Kochen und Backen auch liebe, das Essen ist der Lieblingspart bei diesen Leidenschaften. Wir haben alle wenig Zeit. Also gibt es in diesem Buch Gerichte, die nicht so aufwendig, aber dennoch gesund, frisch und geschmacklich breit gefächert sind.

Sei herzlich eingeladen auf meinem Weg zu „Eat, Love & Happiness". Schön, dass du da bist!

Sofia Tsakiridou

MEINE STORY

»Ich habe ein griechisches Herz.
Meine Liebsten, mein Hund Karli, Reisen, meine Modeljobs,
Kochen, Essen, Malen, Tanzen, das Beisammensein
mit Freunden, Yoga und das Leben gehören
zu meinen Leidenschaften.
Wie bin ich aufgewachsen, was hat mich geprägt
als Wanderin zwischen zwei Kulturen? Was ist mir wichtig?

Ich nehme dich mit auf eine Reise in meine Welt und zeige dir,
wie ich zu mehr Selbstliebe und
zu einem erfüllten Leben gefunden habe.«

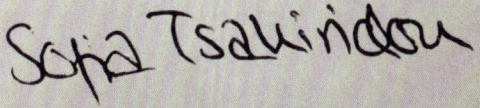

Sofia Tsalikidou

Meine Story

Ich möchte dir meine Geschichte erzählen, von meinem Weg berichten, von Menschen, die mir wichtig sind, und Herzensdingen, die mein Leben prägen. So wirst du das Buch noch besser verstehen und für dich anwenden können.

Meine Wurzeln habe ich in dem Namen meines Blogs verewigt. „Matiamu" ist griechisch und heißt „meine Augen". Ich bin zwar in Köln geboren und aufgewachsen, aber mit Griechenland fühle ich mich tief verbunden. Meine Eltern stammen beide aus einer griechischen Kleinstadt nahe der türkischen Grenze mit etwa 30.000 Einwohnern. Ihre Eltern kamen mit der ersten Gastarbeiterwelle nach Deutschland. Meine Mama ist in Deutschland groß geworden, mein Papa blieb bis zum Schulabschluss bei Verwandten in Griechenland, hat sehr jung gelernt, selbstständig zu sein und sein Leben in die Hand zu nehmen.

Wie es aber das Universum für einen plant, hat er erst bei einem Besuch in Deutschland als junger Mann auf einer griechischen Hochzeit meine Mutter kennengelernt, sich verliebt und so kamen beide meine Eltern in unsere heutige Wahlheimat Deutschland.

Die Eltern meiner Mutter, mit denen ich sehr eng aufgewachsen bin, sind bereits nach etwa sieben Jahren zurück in die Heimat gegangen. Ich habe alle meine Ferien in Griechenland verbracht und bin auch zum muttersprachlichen Nachmittagsunterricht gegangen, um meine Wurzeln zu pflegen. Als Jugendliche habe ich den Unterricht oft als nervig empfunden, mittlerweile bin ich aber umso dankbarer, dass meine Eltern mich etwas zu meinem Glück gepusht haben, denn eine weitere Sprache zu sprechen, gerade wenn es deine Muttersprache ist, bringt dich viel näher an Kultur und Menschen.

Nachteile als Kind mit ausländischen Wurzeln habe ich nie erfahren. Dazu war ich zu stark, zu selbstbewusst und zu gut sozialisiert. Mein glückliches Familienleben hat mich gestärkt. Wir haben in einer coolen Gegend in Köln gewohnt. Es ist schon interessant, wie sehr man dadurch geprägt wird, in welchem Umfeld man aufwächst. So bin ich eben ein Stadt-

kind mit einem sehr emotional feinfühligen Kern. Vielleicht habe ich als „Gastarbeiterkind" eher darauf geachtet, dass es anderen Gleichgesinnten auch gut geht. Die schützende Hand über sie ausgebreitet. Ich war immer ein sehr soziales Mädchen, sogar Klassensprecherin – ich habe darauf geachtet, dass in der Schule kleine, schwächere türkische Jungs nicht in Schränke eingesperrt werden. Nicht die nervige Besserwisser-Klassensprecherin, aber eine, die sich für faires Miteinander ausspricht. Das war etwas Natürliches für mich, nicht um ein „gutes Kind" zu sein, sondern weil mir meine Eltern einfach schon immer sehr direkte, offene und liebevolle Werte vermittelt haben. Und dafür bin ich euch für immer dankbar.

Man ist immer ambivalent mit seinen Gefühlen, wenn man in zwei Kulturen aufwächst. Die Griechen sehen mich als Deutsche, während ich in Deutschland oft unter dem griechischen „Label" gehandelt wurde. Ich selber fühle mich meinen griechischen Wurzeln einen Tick näher, obwohl mein Deutsch eindeutig besser ist. Das liegt an meiner Mentalität. Südländisch, warm, familiär – das ist tief in mir verwurzelt. Aber ich mag auch deutsche Tugenden wie die Pünktlichkeit, weil sie das Leben in der Organisation einfacher machen. Auch wenn ich hier jahrelang zu kämpfen hatte, man wächst an seinen Aufgaben und nun schaffe selbst ich ein akzeptables Zeitmanagement.

Meine Liebe zum Kochen und meine Lust, mit Freunden an großen Tafeln zu sitzen, habe ich eindeutig meinen Wurzeln zu verdanken. Als Kind habe ich viel Sport gemacht. Geturnt, getanzt – Hip-Hop war voll mein Ding. Richtig mit Wettbewerben und so. Ich denke gern an meine Kindheit zurück, auch wenn ich ein

Trennungskind bin. Das war mit Sicherheit nicht schön, aber meine Eltern haben das gut hinbekommen, uns nicht so sehr damit zu belasten. Ich bin geliebt aufgewachsen.

Optisch bin ich eine Mischung meiner Eltern: Die Augenfarbe, Augenbrauen und die kreativen Hände habe ich vom Papa. Meine Kopfform, die mich immer an eine Tomate erinnert, habe ich von meiner Mama, und auch die kleine Nase, die ich schon immer sehr mochte. In meiner griechischen Heimat sagten alle immer: „Ja, du bist eine Tsakiridou!". Was daran lag, dass wir alle helle Augen, Haare, den Teint und Brauen hatten. Untypisch für die südliche Region. Ich selber habe mich als Kind nicht als auffallend hübsch wahrgenommen. Mir war es nicht bewusst, dass ich anders aussehe. Das, was heute von meinen Kunden, die mich buchen, so besonders gern gesehen wird, das Markante in meinem Gesicht – die hohen Wangenknochen, die buschigen Brauen – hat mich als Kind eher genervt. Diese waren anders als bei anderen Kindern und das findet man ja nicht so erstrebenswert.

Meinem jüngeren Ich war etwas ganz Essenzielles nicht bewusst: Deine Individualität ist genau das, was dich so besonders (und) schön macht. Ich war nicht hässlich, aber mein Aussehen bis auf die anders aussehenden Merkmale spielte auch irgendwie keine Rolle. Model zu werden stand überhaupt nicht auf meinem Lebensplan. Aber es ist auch nicht so, als hatte ich einen großen Plan. Der Weg ist das Ziel, mal schauen, was sich so ergibt und gut anfühlt, war immer meine Einstellung.

Mit etwa 15 und 16 Jahren habe ich angefangen, in der Sushi-Bar zu jobben. Da hat mir ein Fotograf eine erste Karte zugesteckt. Aber mein damaliger Chef hat sie weggeworfen, weil es ihm zu unseriös erschien. Kurze Zeit später hat mich ein weiterer Fotograf angesprochen und gemeinsam mit meiner Mama bin ich zu einem Probeshooting eingeladen worden. Seine Freundin war auch dabei, daher hatte ich gleich ein besseres Gefühl. Das war der finale Auslöser für meine spätere Model-Laufbahn. Ich hatte keine Ahnung von diesem Business. Es kamen die ersten Anfragen und kleinere Aufträge. Das fand ich spaßig und interessant, ohne wirklich den Plan zu haben, Model zu werden. Durch eine Make-up-Stylistin kam ich an meinen ersten bezahlten Job für ein kleines Modelabel. Da habe ich dann entdeckt – für einen Teenager nicht uninteressant –, dass man damit ja auch auf eine angenehmere Art als durch Kellnern Geld verdienen kann. Mir wurde zum ersten Mal bewusst, dass das ein Beruf war. Aber bis zum Abi kam mir das überhaupt nicht in den Sinn, dass das eine Zukunft für mich sein könnte. Auch verstand ich die Strukturen und Ausmaße des Modebusiness nicht.

Zuerst habe ich nur mit kleinen Agenturen zusammengearbeitet und mich auf die Schule konzentriert. Nach meinem Abi hatte ich meinen ersten richtig großen Job in Hamburg

für eine hochwertige Kosmetikmarke. Das ist natürlich schon beeindruckend, wenn man als junge Frau unter professionellen Bedingungen für einen Videodreh und ein Fotoshooting arbeitet. Dort traf ich auch meine spätere Mutteragentur und so nahm meine Karriere, die ich nicht geplant hatte, ihren Lauf. Was mich bei meinen Modeljobs gleich begeisterte, war die Möglichkeit, die Arbeit und das Reisen miteinander zu verbinden. Ich konnte viele Länder bereisen, in fremde Kulturen eintauchen, die Menschen und das Essen kennenlernen.

Aber natürlich gab es auch Schattenseiten, was oft weit weniger glamourös ist. Als Mädchen lässt man mehr mit sich machen. Das knallharte Modelbusiness hat mir als junger Frau viel abverlangt. Hinter der schönen Leichtigkeit stecken harte Arbeit und ein enormer Druck. Zu dick, zu dünn, zu untrainiert, zu … einfach nie richtig. So wird es den Frauen gespiegelt, den Trägerinnen der Mode. Ich hatte glücklicherweise nie wirklich Probleme mit meiner Figur. Schon als Kind wurde ich Spargeltarzan genannt und war immer so ein dürres Ding, trotz meiner Leidenschaft für das Essen. Aber dann kam die Pille ins Spiel und vielleicht doch ein etwas ungesünderer Lifestyle, weniger Bewegung.

Langsam habe ich aber über meine ganzen Reisen Inspiration bekommen und wurde Stück für Stück bewusster. Als Erstes setzte ich die Pille ab. Weniger, um schon mit der Familienplanung zu beginnen, sondern die

Chemie nicht mehr in meinen Körper zu lassen. Ich entdeckte Yoga immer mehr für mich, das Laufen sowieso, seitdem ich 13/14 Jahre alt bin. Mein Freund und mein Hund Karli kamen in mein Leben und Herzensfreunde auf der ganzen Welt. Ich hinterfragte mehr, was wirklich wichtig ist, und so vertiefte sich mein Bewusstsein für Körper, Seele und Geist.

Ich spürte in meinem Herzen, dass nur der eigene, authentische Weg der richtige sein kann. Ich machte mich auf einen Veränderungsweg zu mehr Tiefe, Gesundheit und Wohlbefinden. Bei mir angekommen zu sein, in meiner Mitte, ganz bei mir selbst, hat mein Leben und meine Arbeit verändert. Das bekam ich auch als Feedback von meinen mittlerweile über 500.000 Followern, die ver-

mehrt nach meinen Rezepten und Zutaten für ein zufriedenes Leben fragten. Meine klare Botschaft: Es sind nicht die großen Dinge, die glücklich machen, sondern gefühlvolle Augenblicke. Liebe zu spüren, die warme Sonne auf der Haut, das Kuscheln mit Karli, das Beisammensein mit Freunden, gutes Essen aus aller Welt mit allen Sinnen zu genießen, den Körper zu trainieren und zu bewegen und diese kostbaren Momente wahrzunehmen und wie einen Schatz zu hüten.

Gutes Essen, Liebe und Glück – „Eat, Love, Happiness" – sind meine Schlüssel zu einem erfüllten Leben. Und diese habe ich für dich in diesem Buch zusammengefasst.

13

LOVE

Die Essenz des Lebens ist die Liebe.

Oftmals sind wir leider jedoch so mit unserem Umfeld,
den Anderen und irgendwelchen Sorgen beschäftigt, dass
wir ganz vergessen, worum es eigentlich wirklich geht.
Es geht immer um die Liebe. Aus Liebe zu sich selbst,
zu anderen, zum Leben sollte man auf sich aufpassen.
Gut zu sich und anderen sein, das ist ein wunderbares Leitmotiv.
Viele Menschen vergessen diese Punkte oft. Sie verlieren sich
im Strudel des Alltags, des Stresses und der Trägheit und haben
die Liebe nicht mehr im Fokus.

Jeder Mensch hat das Potenzial, sich jeden Tag neu zu
erschaffen, denn jeder Tag bietet eine Chance,
etwas zu verändern und zu entfalten.

Deine Gedanken und Fragen zum Thema

LIEBE

Es tut immer gut, sich fokussiert den Fragen des Lebens zu widmen. Eine Standortbestimmung vorzunehmen. Im Alltag rauscht so vieles an uns vorbei, dass wir manchmal aus den Augen verlieren, wer wir sind und wofür wir stehen. Nimm dir ein Blatt, vielleicht ein schönes Heft, etwas Zeit für dich und schaue auf diese Fragen:

Was bedeutet für dich Liebe?

✳

Was schenkt dir im Leben alles Liebe?

✳

Fühlst du dich geliebt und angenommen? Auch von dir selbst?

✳

Was sind sehr liebevolle Momente, die dir direkt in den Sinn kommen?

✳

Hast du besonders liebevolle Erinnerungen aus deiner Kindheit?

✳

Welche Menschen fallen dir beim Wort Liebe ein?

✳

Welche Facetten an dir liebst du besonders?
An welchen möchtest du ganz bewusst arbeiten?

✳

Empfindest du genug Liebe im Leben?

✳

Gibst du dir selbst genug Liebe?

✳

Schreibe dir 3 Dinge auf, die du manifestieren möchtest.

Rituale

Wiederkehrende Abläufe geben Halt und Struktur

Mein Beruf als Model führt mich um die ganze Welt. Das klingt verlockend – und ich liebe es sehr. Aber es hat wie alles auch Schattenseiten. Ein großer Nachteil sind die Zeitverschiebungen, die Körper und Geist verkraften müssen. Eigentlich bist du müde, weil du dein Tagwerk schon erledigt hast. Aber dann fliegst du in eine andere Zeitzone und dort fängt der Tag – und damit mein neuer Arbeitstag – wieder neu an.

Das ist schon ein bisschen tricky, sich ausreichend mit Energie und Schlaf bei den Reisen zu versorgen. Schlecht gelaunte Models mit Augenringen sind keine gern gesehenen Gäste. Mir helfen sehr meine Rituale beim Ankommen und Heimisch-fühlen, auch wenn die Unterkünfte oder Bedingungen nicht so optimal sind.

Meinem Alltag in Hamburg geben die wiederkehrenden Handlungen eine gute Struktur und erleichtern die Rückkehr. Ich mag es beispielsweise, mit einer heißen Tasse Tee und einer Meditation in den Tag zu starten. Auch mein Hund Karli freut sich auf eine große Portion Auslauf und Sauerstoff bei einem gemeinsamen Morgenspaziergang. Wenn ich mit ihm durch das dann noch leise Hamburg streife, verbinde ich mich wieder mit der Wahlheimat. In der Auswahl und Abfolge der Rituale bin ich nicht dogmatisch, sondern passe sie meiner Stimmung, meinen Bedürfnissen und der Jahreszeit an. Sie sind meine Ich-Zeit, in der ich etwas Gutes für mich tue. Darauf gehe ich noch mal im Kapitel Selbstliebe ein.

Erinnere dich an Kindheitstage. Hast du auch darauf bestanden, immer das gleiche Buch vorgelesen zu bekommen oder an Feiertagen immer dieselbe Folge von Abläufen zu haben? An welchen Familienritualen hängst du bis heute und zelebrierst sie vielleicht sogar schon selber? Hast du schon eigene, neue Rituale? Sie können dir auch dabei helfen, bewusster mit deiner Zeit umzugehen. Wenn nicht, dann schreibe in dein Heft, welche Handlungen dir gefallen könnten, um deine eigene gute Zeit in eine Struktur zu bringen.

Dein guter Start in den Tag

Langsam, achtsam, liebevoll. Nimm dir genug Eigen-Zeit.

Bist du zufrieden mit deinem Tagesablauf? Oder fühlt es sich noch nicht ganz richtig an? Vielleicht weil es hektisch beginnt und du den ganzen Tag das Gefühl hast, der Zeit hinterherzurennen? Gerade für Langschläfer ist es schwierig, dem eigenen Rhythmus zu folgen, wenn man morgens früh raus muss. Ich kenne das zu gut, denn so war es früher bei mir. Und es passiert auch immer wieder, denn ich bin nicht perfekt. Aber mittlerweile weiß ich, was mir guttut und wo ich Prioritäten setzen muss.

Wenn der Tag prall gefüllt ist, bleibt oft keine Zeit für mich selbst. Ich habe schon seit langem für mich diese Zeit in den Morgen gelegt und schenke mir bewusst Zeit nur für mich. Der Wecker klingelt einfach ein, zwei Stunden früher als nötig und dann starte ich ganz sanft in meinen Tag. Manchmal schreibe ich noch im Bett die ersten Morgenseiten in mein Journal. Das sind vielleicht Träume, die ich festhalten möchte, oder Gedanken. Dann werde ich wach, zünde mir ein Räucherstäbchen an und koche mir einen heißen Tee. Außerdem trinke ich ein Glas lauwarmes Wasser, denn diese kleine Maßnahme hilft enorm, um alle Zellen zu aktivieren. Je nach Stimmung mache ich weiter mit einer Meditation oder einer Yoga-Einheit. Wie intensiv diese sein darf, entscheide ich jeden Tag neu. Dann ist mein Hund Karli an der Reihe. Ich liebe es, mit ihm einen langen Morgenspaziergang zu machen. Da tanke ich gleich Frische für den Tag und wecke meinen Geist endgültig.

Welche Handlungen und Rituale könnten dir Freude bereiten? Es muss nicht sofort ein perfektes Programm sein. Vielleicht startest du mit einer Viertelstunde und trinkst einen Tee im Bett. Nimmst dir einige Zeit zu lesen. Du musst nicht produktiv sein. Schön ist es, wenn du die Zeit genießen kannst.

Nimm dir jetzt gerne einen Zettel oder ein schönes Heft und überlege dir deine Morgenrituale. Vertrau mir, es wird dein Leben positiv verändern. Und du wirst es nicht mehr missen wollen.

Wie findest du zu mehr Selbstliebe?

Nimm dich in den Fokus und sei zauberhaft zu dir!

Sich selbst zu lieben ist für mich der Schlüssel zu einem erfüllten Leben. Wenn man sich mit all seinen Facetten annehmen kann, kann man der Welt kraftvoll entgegentreten und für sich einstehen. Wo sind deine Prioritäten im Leben? Stehst du auch im Mittelpunkt?

Manche Menschen verwechseln Selbstliebe mit Egoismus. Aber es geht nicht um Ich-Bezogenheit, sondern darum, sich selbst liebevoll in den Blick zu nehmen. Und das heißt, sich selber auch zu seiner bestmöglichen Version zu entwickeln, mit einem liebevollen Blick auf eigene Stärken, auch seine Schwächen einzugestehen und daran zu arbeiten. Denn nur wer sich selbst liebt, kann diese Liebe weitertragen. Sich endlich wieder als seine eigene Priorität anzusehen und sich bewusst Zeit für sich zu nehmen. Wenn ich mich als Priorität sehe, tue ich viele Dinge, die mir guttun. Und das regelmäßig.

Deswegen sind mir kleine Rituale zu Hause so wichtig: der morgendliche Tee, Meditationen, eine Spazierrunde mit Karli oder Räucherstäbchen anzünden. Bei spirituellen Lehrern wie beispielsweise Joe Dispenza, Byron Katie, Eckhart Tolle und anderen habe ich viele Anregungen für meinen Weg gefunden. Tägliche Bewegung ist mir wichtig. So komme ich in guten Kontakt zu meinem Körper, lerne ihn besser kennen und lieben. Lass doch mal das Auto stehen und erhöhe den Anteil an „natürlichen" Bewegungsmitteln.

Eine kleine Übung in Selbstliebe

Die wunderbare Louise Hay hat mit ihren Büchern viele Menschen weltweit inspiriert. Auch mit dieser kleinen, aber machtvollen Übung:

Stell dich täglich vor den Spiegel und sage dir, dass du dich liebst. Schau dir dabei in die Augen und wiederhole es mehrfach. Anfangs wird es dir merkwürdig vorkommen, aber mit der Zeit wirst du dich wunderbar damit fühlen. Zur Unterstützung schlinge die Arme um dich, als wolltest du darin versinken.

»You are **the creator** of your life, it can either be **a cage** or **a field**.«

Yoga erfüllt mich

Der beste Weg zu meiner Mitte führt über die Matte

Ein Leben ohne meine Yogamatte ist heute für mich nur noch schwer vorstellbar. Yoga bedeutet für mich auch nicht nur eine Bewegungsform, sondern bildet einen Vierklang mit meiner Ernährung, meinem Wohlbefinden, meiner Seele. Yoga ist für mich eher eine Lebenshaltung, die mir nicht nur die Möglichkeiten meines Körpers zeigt, sondern auch hilft, ganz bei mir zu sein und auf mich zu achten.

Angefangen habe ich vor etwa fünf Jahren in Hamburg. Ein Kollege, mit dem ich mich auf Anhieb gut verstanden habe, hatte bereits eine Yogalehrer-Ausbildung absolviert und fragte mich, ob ich nicht Lust hätte, eine seiner Klassen zu besuchen. Ich hatte schon von Yoga gehört und wollte es auch gerne einmal ausprobieren, aber wie es uns wahrscheinlich allen mal im Leben passiert, hatte ich den ersten Schritt einfach noch nicht getan. Umso dankbarer nahm ich die Einladung an und besuchte zusammen mit einer meiner besten Freundinnen eine seiner Stunden. Da ich als Kind so viele verschiedene Sportarten ausprobiert hatte, war ich immer auf der Suche nach Möglichkeiten, meinen Körper zu bewegen. Da reizte mich Yoga sehr. Anfangs war ich nur sporadisch dabei. Aber nach einer Weile merkte ich, wie gut die Einheiten meinem Körper und Geist taten. Als ich dann wieder nach Kapstadt kam, habe ich es endlich geschafft, Yoga in meine tägliche Routine einzubinden, aufgeladen von all der tollen Energie von Land und Leuten und inspiriert von den wundervollen Trainern dort.

Die regelmäßige Praxis hat mein Bewusstsein gestärkt

Durch die tägliche Praxis über einen längeren Zeitraum habe ich auch andere Bereiche in meinem Leben mit neuen Augen angeschaut. Yoga ist nicht nur eine wundervolle Praxis für unseren Körper, sondern strebt auch ein höheres Bewusstsein für Körper, Geist und Umwelt an, und hat mich definitiv auch ein großes Stück bewusster gemacht, was meine Ernährung und vor allem die Gestaltung meiner Lebenszeit betrifft.

Ich möchte achtsam und bewusst mit der mir geschenkten Zeit umgehen. Gerade wenn ich einen schlechten Tag habe, hilft mir eine Yoga-Einheit sehr, mich anschließend besser zu fühlen.

Am Yoga liebe ich, dass es auf eine Art sehr gesellig ist, weil man es in einer Gemeinschaft ausüben kann, man aber doch konzentriert für sich auf der eigenen Matte ist. An fast jedem Ort der Welt kann ich es praktizieren, egal zu welcher Tages- und Nachtzeit. Die Art der Einheit kann ich immer an mein jeweiliges Energielevel und meine Bedürfnisse anpassen. Mal darf es intensiv und sportlich sein, mal sanft dehnend oder mehr für den Kopf. Es ist ein so weites, flexibles Feld, in dem sich jeder seinen Weg bahnen kann. Es gibt sehr kraftvolle Einheiten, aber auch genauso viele Möglichkeiten für Einsteiger und weniger athletische Menschen.

Balance, Flexibilität, Dehnung, Konzentration

In Balance kommen, die Mitte finden, Flexibilität, Dehnung, Konzentration und eine Bewegungsmeditation sind Dinge, die Yoga für mich bedeutet. Und das Allerschönste ist zu sehen, wie man wirklich präsent auf der Matte ist, in seinen Körper hineinfühlt, sich stärkt und stretcht, um immer mehr in seine Mitte zu gelangen.

Hast du auch eine Sportart, die dein Herz bewegt, die dich erfüllt und dich ausgeglichener sein lässt? Wenn nicht, möchte ich dir das sehr ans Herz legen. Es ist auch völlig egal, was es ist. Du wirst fühlen, was zu dir passt. Für mich ist Yoga neben dem Laufen ein vielseitiges Multitalent und so viel mehr als nur Sport. Auf der Matte kann ich ganz bei mir sein, mich spüren, in mich hineinfühlen. An jedem Ort der Welt zu jeder Uhrzeit. Wenn du mit Yoga beginnen möchtest, probiere doch einfach verschiedene Lehrer und Arten aus. Mir gefallen beispielsweise Flow-Yoga oder Jivamukti-Stunden sehr gut, bei denen körperlich anstrengende Einheiten sich mit langsameren Meditations- oder Achtsamkeitsübungen abwechseln.

Den Geist beruhigen
Mit Meditationen in die eigene Mitte kommen

Für mich ging es sehr schnell von zuhause weg, raus in die weite Welt. In verschiedenen Städten habe ich dann jeweils für ein paar Monate gelebt, den Rhythmus der Stadt und der Menschen angenommen. Für Jobs bin ich hin und her geflogen. Das ist natürlich eine unfassbar prägende und aufregende Zeit gewesen, aber gleichzeitig auch sehr unbeständig und unentspannt. So sehr ich das Arbeiten und Reisen als Model auch schätze, je mehr Zeit ich daheim verbringe, desto mehr schätze ich die Ruhe und den Freiraum, dem einen seine eigenen vier Wände und ein liebevoll eingerichtetes Zuhause geben. Ich spreche immer von meinem „Kokon". Und genauso sollte sich deine Rückzugsoase auch anfühlen.

Da wir alle in unserem individuellen Alltag „funktionieren" müssen und Stress ausgesetzt sind, ist es umso wichtiger, sich einmal zu fragen: Wer will ich sein? Was ist wirklich wichtig? Wie kann ich leben und dabei Menschen, Tiere und meine Umwelt liebevoll behandeln?

Um meinen Geist zu beruhigen, habe ich die Meditation für mich entdeckt. Ich finde es toll, dass ich das an jedem Ort und fast zu jeder Zeit praktizieren kann.

Meditation heißt nicht nur, stundenlang auf einem Kissen zu sitzen, sondern sich zu sammeln, zu zentrieren, den Atem bewusst wahrzunehmen, in die Achtsamkeit zu gehen, das hektische Leben kurz auszuschließen und ganz bei sich zu sein. Ich passe meine Meditationen meinen Bedürfnissen an, die Liebe zu den kleinen wundervollen Momenten zu pflegen und ganz „hier" zu sein. So habe ich auch meinen Weg zu mehr Selbstliebe und Glück gestärkt. Wenn ich keinen guten Tag habe, dann nutze ich diese wertvollen Momente zur Bestärkung. Ich liebe es besonders, meine Lieblingsräucherstäbchen anzuzünden, einige meiner Kristalle und Steine vor mich zu legen und dann in mich zu gehen.

Am Ende des Tages kann ich so auch noch einmal meine Dankbarkeit ausdrücken, denn selbst an schlechten Tagen findest du immer irgendetwas, wofür du dankbar sein kannst. Ob du dir dazu nur einen Moment Ruhe schenkst und in deinem Kopf deine schönsten

Momente oder Erkenntnisse aus dem Tag wieder in Erinnerung bringst oder, wie ich, deine drei Dinge, für die du dankbar bist, im Tagebuch festhältst.

Mit Übung zu mehr Selbstliebe und Happiness

Wenn du noch nie meditiert hast, möchte ich dir eine Hilfestellung geben. Es ist alles Übungssache. Am Anfang schummeln sich viele Gedanken immer wieder in den Kopf. Je mehr man sich darüber ärgert, desto größer ist der Raum, den sie einnehmen. Lasse sie einfach zu und finde deinen Weg, wie sie wie Seifenblasen nach einer Weile zerplatzen. Ich visualisiere mir immer Wolken, die an einem vorbeiziehen. Darunter findet sich immer ein endloser, beruhigender blauer Himmel. Es hilft sehr, sich auf den Fluss des Atems zu konzentrieren. Das hilft mir tatsächlich immer besonders, mich zu beruhigen und die Gedanken weiter wegziehen lassen zu können. Wenn du möchtest, kannst du ein Meditationskissen benutzen. Jeder Stuhl oder Sessel eignet sich ebensogut. Mit einer gewissen Routine findest du heraus, welche Haltung und Unterlage passend für dich ist. Starte erst einmal mit 3 bis 5 Minuten.

Vielleicht hilft dir eine geführte Meditation durch eine App oder einen Podcast, das finde ich, vor allem für den Anfang, super hilfreich. Zwei Meditationen für mehr Selbstliebe und Happiness habe ich auch für dich in meinem Buch. Und ganz wichtig: Setze dich nicht unter Druck. Du musst in keiner Form performen, sondern sollst dir einfach bewusst Zeit für dich nehmen. Unsere Gedanken und Ängste machen uns da oft einen Strich durch die Rechnung, die Angst davor, etwas Neues zu machen und dann nicht direkt das gewünschte Ergebnis durch Zauberhand zu erzielen, haben viele von uns durch unsere leistungsorientierte Gesellschaft unterbewusst inne.

Also nimm dir Zeit und beobachte ganz kleine Erfolge. Im Handumdrehen wird es dir immer leichter fallen, du kommst immer mehr in den Flow. Ich wünsche dir ganz viel Spaß dabei.

Meditation Selbstliebe

Finde an einem ruhigen Platz einen bequemen Sitz und schließe die Augen. Nimm drei tiefe Atemzüge. Atme ganz bewusst tief ein und lass den Atem wieder gehen. Wenn Gedanken durch deinen Kopf kreisen, schenke ihnen keine weitere Beachtung, sondern schiebe sie weiter wie die Wolken am Himmel.

Ich lasse meinen Atem durch mich fließen.

*

Ich lasse die Liebe in mich hinein.

*

Bis tief zu meinem Herzen.

*

Mein Herz öffnet sich und empfängt.

*

Der warme Strom der Liebe durchfließt
meinen ganzen Körper.

*

Der warme Strom der Liebe fließt in meinen Bauch
und breitet sich wohlig aus.

*

Ich bin erfüllt von Liebe.

*

Ich bin gut, wie ich bin.

*

Ich liebe mich, mit allen meinen Facetten.

*

Ich bin ein wunderbares Geschöpf.

*

Ich werde geliebt.

*

Ich bin Liebe.

HAPPINESS

Glaubst du, dass Glück reine Glückssache,
also eher zufällig geschieht, man als Glückspilz
auf die Welt kommt? Da kann ich dich beruhigen.
Denn du bist für dein Glück selbst verantwortlich.
In der Tat bist du deines Glückes Schmiedin, wie das
alte Sprichwort es sagt. Du ziehst es an, manifestierst es.
Du bist die Architektin deiner eigenen Realität, denn du
bestimmst deine Gedanken und deine Reaktion auf das,
was von außen kommt. Dort liegt die Kraft des Glücks.
Erweitere dein Bewusstsein und schärfe deine Sinne.
Du besitzt alles, was du brauchst für ein
glückliches und erfülltes Leben.

Deine Gedanken und Fragen zum Thema

HAPPINESS

Glück ist kein Zufallsprodukt, sondern kann von dir manifestiert werden. „Your mind is a magnet", rufe dir das immer wieder in dein Bewusstsein. Im Alltagsrauschen ist es gar nicht so leicht, darüber nachzudenken, was die eigenen Wünsche und Träume sind, die dich glücklich machen. Da lass uns gleich mal nachschauen:

Was macht dich glücklich?

✳

Was musst du (stetig) dafür tun?

✳

Was vermisst du gerade in deinem Leben am meisten?

✳

Was bedeutet für dich Glück?

In welchem Bereich wünschst du dir etwas mehr davon:
Liebe, Beruf, Freunde, Körper, Gesundheit?

✳

Kannst du die kleinen glücklichen Momente im Alltag wahrnehmen?

✳

Schreibe dir eine kleine Liste von mindestens 10 kleinen Dingen oder Momenten auf,
die für dich Glück sind und/oder dich glücklich machen.

✳

Für welche Dinge bist du besonders dankbar?
Wo hat das Universum dir also schon ein wenig Glücksstaub hinterlassen?

✳

Für deine Herzenswünsche, Reisen, Pläne, Taten kannst du dir
auch ein Visionboard (siehe Seite 34/35) erstellen.

Dein Glück in Bildern

Visualisiere deine Wünsche und dein Begehren.
So werden sie wahrhaftig.

Dass ich mal Model werde, habe ich überhaupt nicht geplant, wie du in meiner Story lesen konntest. Ich war schon als junge Frau intuitiv und habe mich auf neue Dinge eingelassen. Gegen den Rat meiner Eltern und einiger Freunde ging ich den Weg ganz bewusst in das Unbekannte. In eine Branche, von der ich noch wenig Ahnung hatte, auch der gegenüber ich skeptisch war, und in Länder, die mir fremd waren. Etwas Besseres hätte ich nicht machen können. Über deine Komfortzone hinauszugehen ist ein Tipp, den ich dir ans Herz legen möchte, denn besonders in solchen Situationen findet man zu sich und wächst.

Aber jeder Weg ist anders. Und deswegen kannst nur du fühlen, was das Leben für dich bereithält. Das Urvertrauen in sich zu stärken, das ist, wie ich jetzt als erwachsene Frau sagen kann, das Allerwichtigste, um sein höchstes Potenzial auszuschöpfen. Denn wenn du einmal verstanden hast, dass deine Gedanken deine Realität sind, dann verstehst du auch, dass du der Schöpfer deiner Realität bist. Jeden Moment hast du die Wahl, wie du auf dein Umfeld reagierst, wie du im Leben agierst. Um seine Wünsche und Visionen zu leben, muss man sie erst einmal kennen. Mir begegnen aber auch immer wieder Menschen, denen das schwerfällt. Oder die in der Rushhour des Lebens sich nicht die Zeit dafür nehmen.

Unsere Generation hat sehr viele Möglichkeiten, aber genau das ist manchmal das Problem. Zu viel von allem. Ich habe schon öfter in diesem Buch über Eigen-Zeit gesprochen. Denn sobald du anfängst dir mehr Zeit für dich zu nehmen, bei was dir guttut, wirst du zu deinem höchsten Potenzial aufgehen und kannst deinen Teil an andere und unsere Welt zurückgeben.

Hast du schon mal von einem Visionboard gehört?

Wenn nicht, möchte ich dir den Impuls geben, dein eigenes zu gestalten. Ein Visionboard oder Moodboard kann ganz individuell in der Umsetzung sein. Auch die Zeitspanne, die eingefangen wird, kann sehr unterschiedlich sein.

Nimm dir zum Beispiel an jedem Jahresanfang Zeit und visualiere dir deinen Wunsch. Setze dir Ziele für das kommende Jahr. Ich liebe es, auf meinem Board zu malen. Aber du kannst auch schöne Inspirationen aus Zeitschiften finden, etwas basteln, Fotos rund um dein Moodboard schießen und ausdrucken. Auch passende Sprüche und Zitate. Was auch immer dich diesen Wunsch klarer sehen und spüren lässt. Und vergiss nie: Der Weg ist das Ziel.

Die Träume im Blick

Kennst du deine Träume?
Hast du etwas wirklich großes im Blick?
Was hält dich davon ab, diese zu erfüllen?

Wir stehen uns oft selbst im Weg. Wir sagen, dass wir vielleicht nicht genug Geld oder Zeit haben, nicht schön genug sind oder was immer. Ich glaube fest daran, dass wir auch Träume verwirklichen können, die auf den ersten Blick in weiter Ferne liegen. Das Gesetz der Anziehung.

Ein Beispiel: Du denkst, dass du zu wenig Geld hast, um zu reisen? Schau dir die Aufgabe doch mal aus einer anderen Perspektive an: „Was kann ich tun, um mir diesen Traum zu erfüllen? Ein erster Schritt wäre, sich ein Buch zu kaufen von einem Reisenden, der wenig oder kein Budget hatte. Ein zweiter Schritt wäre, eine Reisekasse anzulegen. Du könntest ausmisten und überflüssige Dinge verkaufen. Wenn du deine Ausgaben überprüfst, könntest du schauen, auf was du verzichten könntest. So füllt sich deine Reisekasse.

- Der Weg zu einem großen Traum, fängt mit dem ersten Schritt an!
- Setz dich nicht so unter Druck, gleich so viel, so schnell zu wollen, zu vergleichen, was andere um dich herum so treiben.
- Du und dein Weg sind ganz einzigartig – und das ist deine Stärke!

Wenn du deine Ziele auf deinem Visionboard sammelst, hast du sie immer im Blick. Sie geben dir Kraft und Stärke, um daran zu arbeiten, zu glauben und sie zu erfüllen!

9 Quicktipps, die dich sofort

glücklicher machen

Du glaubst, Glück ist etwas Großes, etwas Teures, etwas weit Entferntes, für das man hart arbeiten muss? Dabei ist das Glück oft ganz nah. Selbst wenn man gerade keine gute Zeit hat, fühlt sich mit diesem bewussten Wahrnehmen des kleinen Glücks alles etwas leichter an. Öffne deine Sinne, dein Herz, deine Augen für diese Momente. Schau mal hier:

Schau in den Spiegel und lächle dich an.

✳

Denke an einen Herzensmenschen.
Und hinterlasse ihm vielleicht direkt eine kleine Nachricht.

✳

Denke an 3 Dinge, die dir besonders gut an dir gefallen.

✳

Die Sonne scheint? Mir helfen nur einige Minuten
in der Sonne, egal ob im Park oder auf dem Balkon.

✳

Back dir was Leckeres - macht garantiert glücklich. Und das Ergebnis dann doppelt.

✳

Erinnere dich an einen Moment, an dem du vor Lachen fast weinen musstest.

✳

Dreh deinen Lieblingssong auf und tanze ganz frei.

✳

Setz dich in die Natur und lies ein gutes Buch.

✳

Gönn dir eine kleine Auszeit, ob mit einer wohltuenden
Gesichtsmaske oder deinem Lieblingsfilm.

»Healthy
is not a diet.
It´s
a lifestyle. «

Kostbare Lebenszeit

Verschwendung oder Achtsamkeit?
Nutze dein Zeitkonto liebevoll und mit Augenmaß.

„Ich habe keine Zeit." „Ich bin im Stress." Wie oft hörst du diese Sätze und wie oft hast du sie selber auf der Zunge? Es ist ein spannendes Experiment, dies mal eine Woche lang aufzuschreiben. Keine Frage. Unser Leben ist rasend schnell geworden. Die Arbeitsdichte hat in vielen Jobs zugenommen. Das Tempo hat angezogen. Verbunden mit dem Informations-Overload auf vielen Kanälen bekommt man das Gefühl von Überwältigung und Zeitmangel. Ein Teil davon ist hausgemacht. Denn wenn wir ehrlich sind, verschwenden wir auch viel unserer kostbaren Lebenszeit. Und zwar vor Bildschirmen aller Art. Es ist schon erstaunlich, wie das Aufkommen der Handys unser aller Leben verändert hat. Hey, ich möchte dir jetzt nicht dein Mobile mies machen. Auch zu meinem Leben, zu meiner Arbeit gehören Smartphones. Das ist eben ein Teil unserer Kultur geworden. Aber wie so oft im Leben kommt es auf das Verhältnis an.

Als ich vor ein paar Jahren anfing, bewusster mit mir umzugehen, habe ich auch meine Gewohnheiten auf den Prüfstand gestellt. Ich bin der Frage nachgegangen, wie ich mit meinem Zeitkonto haushalte. Warum ich mich oft gehetzt fühle und den Eindruck von Zeitmangel hatte. Wenn ich heute mein Zeitbudget anschaue, dann steht ganz oben – neben den Stunden, die für Jobs vergehen – was mir guttut. Ich wollte unbedingt wieder mehr die Herrin über meine Zeit sein und nicht Untertanin meiner Geräte. Ich weiß, dass das gar nicht so einfach ist, denn ein Suchtfaktor ist ja auf jeden Fall vorhanden. Über die Sogwirkung von Likes gehe ich im Social-Media-Text auf den folgenden Seiten tiefer ein.

Gewohnheiten auf
den Prüfstand stellen

Was tut mir gut? Wie gewinne ich meine Zeit zurück? Ich habe den Fokus auf die kostbare Eigen-Zeit gelegt. Wenn ich meine Morgenroutine pflege, dann bleibt das Smartphone aus. Wenn ich eine gute Zeit mit Freunden habe, liegt das Handy ohne Empfang in der Ecke. Obwohl meine Kanäle einen Teil meines Lebens ausmachen, verbringe ich dort weniger Zeit, als es erscheint. Ich teile meine Leidenschaften, meine Erkenntnisse mit dir. Aber ich muss nicht jede Mahlzeit posten. Wenn ich durch die Straße gehe, U-Bahn fahre, dann erscheint es fast so, als wären die Geräte mittlerweile fest mit den Händen verwachsen. Mit gesenkten Köpfen starren die Menschen darauf und nehmen kaum wahr, was um sie herum geschieht.

Finde deine Zeitfresser mit einem Wochenplan

Das sind die kleinen Bildschirme, aber es gibt ja noch die Großen auf Computern und TV-Geräten. Es gibt immer mehr Menschen, die nie am Tisch sitzen zum Essen, sondern immer nur allein vor der Glotze. Oder Familienmitglieder, die im Haus verteilt dann jeder für sich allein vor den Bildschirmen sitzen und etwas in sich hineinschaufeln. Essen mag ich das nicht nennen, weil du nicht mehr wahrnimmst, was du isst. Ich möchte das alles nicht verurteilen oder bewerten. Aber wenn du das Gefühl hast, zu wenig Zeit zu haben, dann nimm dein Zeitbudget in den Blick. Eine alleinerziehende Mutter, eine jobbende Studentin vor der Abschlussarbeit oder Menschen mit zwei Jobs –

es gibt viele Gründe, die zum Zeitmangel führen können. Betroffene in solchen Situationen müssen sich kleine Zeitfenster ganz besonders hart abknapsen. Aber tut es auf jeden Fall gut, die kleine bewusste Zeit nur für sich zu haben. Auch zu ungewöhnlichen Tageszeiten.

Wie sieht dein Zeitkonto aus? Immer gefühlt im Minus? Ich möchte dich einladen, nach deinen Zeitfressern zu fahnden. Wie viele Stunden hast du einen Bildschirm im Blick? Vielleicht lässt du dich auf das Experiment ein. Eine Woche lang dokumentierst du deinen Zeitkonsum. 168 Stunden haben wir insgesamt in der Woche zur Verfügung (7 × 24). Minus 8 StundenSchlaf täglich, minus 10 Stunden für Arbeit und Mahlzeiten und noch mal 10 Stunden für Hausarbeit, Einkaufen etc. Bleiben eigentlich 32 Stunden zur freien Verfügung. Das ist doch eine stolze Zahl. Mit deiner Zeitkonto-Übersicht findest du raus, wo du in den Mangel kommst. Sei ehrlich zu dir und notiere wirklich jede Bildschirmstunde. In der zweiten Woche fängst du an, Zeit in deinem Sinne für dich zu gebrauchen. Ich bin gespannt, wie du dich damit fühlst.

Social Media – helle und dunkle Seiten

Haltung gefragt:
Nutze die Kanäle, wie es für dich gut ist.

Ich liebe meinen Instagram-Kanal und meinen Blog, denn so ist es möglich, mich mit vielen Menschen zu verbinden und mitzuteilen, was mich bewegt und ausmacht. Vor allem aber auch andere zu inspirieren. Zu Positivität und einem gesunden, glücklichen Leben. Ich führe quasi Tagebuch, sammle die Highlights der Jahre und bewahre sie. Später kann ich meine Erlebnisse noch einmal anschauen. „Social Media" ermöglichen mir, mit meinen Followern in Kontakt zu kommen, mich auszutauschen, und hoffentlich auch Menschen zu bewegen. Genauso bin ich mit meinen Freunden verbunden oder folge inspirierenden, motivierenden Accounts.

Ein anderer wichtiger Punkt ist Unabhängigkeit. Social Media sind auch mein Arbeitsplatz. Aber ein Arbeitsplatz, an dem ich die Inhalte selbst bestimme. Dass man wegen seiner Person gefragt und gebucht wird – nicht nur wegen seines Looks – gibt mir, vor allem im Gegensatz zum Modeln, die Freiheit, nur mit Kunden zu arbeiten und Reisen mitzumachen, auf die ich auch Lust habe. Ich bin zutiefst dankbar, dass ich über dieses Medium eine Reichweite habe, die mir die Chance gibt, mich stetig und frei weiterzuentwickeln, viele Menschen und Orte kennenlernen zu dürfen und all meine Erfahrungen auch verbreiten zu dürfen. Das Kreieren ist etwas, was den Menschen so erfüllt und wachsen lässt und durch meine Community – durch dich – habe ich die Möglichkeit, das zu machen und weiterzugeben.

Ich kenne aber auch die Schattenseiten und finde es schrecklich, wenn Menschen abgewertet werden oder Kommentare aus dem Ruder laufen. Wer sein Leben nur noch auf den Social-Media-Kanälen verbringt, wird sich bestimmt nicht gut fühlen. Aber auch hier möchte ich nochmal daran erinnern, dass wir entscheiden können, wem wir folgen und welche Messages wir uns anhören möchten. Und wie viel Zeit wir dort verbringen.

Lass dich nicht von „falschen" Idealen irritieren

Schon immer wurden den Menschen Beauty- und Körperideale vermittelt, tatsächlich schon vor über tausend Jahren. Mit der Zeit haben sich nur die Übertragungsformen verändert: Zunächst boten Zeitungen und Zeitschriften Inspirationen, später kam das Fernsehen dazu. Heute sind es eben Social-Media-Kanäle wie Instagram, YouTube und Co. Durch die große Zahl werden auch „falsche" Ideale geprägt. Ich denke da an Tonnen von Make-up, überblondierte Haare, operierte Gesichter und überbearbeitete Figuren. Durch die Beauty- Filter, Schummel-Apps und Inszenierungen entstehen „Idealkörper" und Einheitslooks, die wenig erstrebenswert sind. Für junge Mädchen wird es dabei immer schwieriger, sich zu orientieren.

Entertainment, Tagebuch und Arbeitsplatz

Wie auch bei den früheren Kanälen handelt es sich um Unterhaltung, eine schöne Scheinwelt, mal lustig, mal spannend, mal informativ. Durch den intensiven Austausch glaubt man oft, das Leben der Instagrammer/innen zu kennen. Aber es ist schon gut, im Hinterkopf immer das kleine Wort Entertainment

zu bewahren. Man sieht eben doch nur, was derjenige zeigen möchte und vor allem, wie er es möchte.

Jeder muss sich bewusst sein, während er auf Social Media abhängt: It's just another entertainment tool. Wenn man das einmal verstanden hat, ist klar, dass es eben Accounts gibt, die eher wie ein Hollywood-Blockbuster wirken, wie eine Komödie oder eine großartige Doku.

Ich möchte mit den positiven Seiten enden. Für mich als „All-over-the-world-worker" geben mir Social Media den Raum, mich kreativ auszulassen, um mit meinen Liebsten in Kontakt zu bleiben und sie auf eine besondere Art auch an meinen schönen Erlebnissen teilhaben zu lassen. Ein Bewusstsein dafür zu bekommen, was und wer dir guttut und was vielleicht zu viel Energie nimmt, sind Voraussetzungen für gute Erfahrungen und persönliches Wachstum. Dann sind Social Media ein grandioses Mittel, sich zu verbinden, mitzuteilen und inspirieren zu lassen und andersherum.

Meditation Happiness

Finde an einem ruhigen Platz einen bequemen Sitz und schließe die Augen. Nimm drei tiefe Atemzüge. Atme ganz bewusst tief ein und lass den Atem wieder gehen. Wenn Gedanken durch deinen Kopf kreisen, schenke ihnen keine weitere Beachtung, sondern schiebe sie weiter wie die Wolken am Himmel.

Ich verbinde mich mit meinem Atem.

✳

Mit jedem Atemzug verbinde ich mich mit der Erde.

✳

Ich spüre den warmen Strom durch meinen Körper fließen.

✳

Ich stelle mir vor, dass mich jeder Atemzug mit Glück erfüllt.

✳

In meinem Herzen ist Dankbarkeit.

✳

Ich bin die Gestalterin meines Glücks.

✳

Jeden Tag neu.

✳

Jeden Moment neu.

✳

Ich fühle die Freude.

✳

Ich bin gesund.

✳

Ich darf sein.

✳

Ich bin hier.

✳

Ich bin glücklich.

EAT

Sinnenfreude, Nahrung, Beisammensein,
Gastfreundschaft, Genuss, Achtsamkeit, Leben –
Essen ist so viel mehr als die reine Aufnahme von Lebensmitteln.
Ich möchte dich mitnehmen auf meine
kulinarische Reise und zeige dir aromatische, sinnliche,
leckere vegetarische und vegane Gerichte.
Du kannst einen Blick in meine Speisekammer werfen
und erfahren, warum ich lange Tafeln mit Freunden so liebe.
Mit dieser Reise möchte ich dich zu einem glücklichen
Menschen mit einem glücklichen Bauch machen.

Deine Gedanken und Fragen zum Thema

ERNÄHRUNG

Hast du schon länger den Wunsch, dich anders, bewusster zu ernähren? Fühlst du dich körperlich unwohl, müde, schlapp oder schwerfällig? Lass uns nachschauen, woran das liegen kann und wie du das mit ein paar Änderungen schaffen kannst.

Wie wurde in deiner Familie gekocht und gegessen?

✳

Kochst du für dich frisch?

✳

Probierst du gerne neue Obst- und Gemüsesorten, Gewürze und Gerichte aus?
Bist du in der Küche kreativ?

✳

An welchem Ort nimmst du dein Essen ein? Nimmst du dir ganz bewusst
Zeit und Raum zu essen?

✳

Wo gehst du einkaufen? Überlege dir beim Einkauf,
welches Unternehmen du dabei unterstützt.

✳

Hast du eine Vorratshaltung und machst eine Essensplanung?

✳

Kaufst du oft spontan ein oder isst du unterwegs?

✳

Bereitest du dir Essen und Snacks zu?

✳

Wann hast du das letzte Mal mit Freunden zusammen gekocht
und einen schönen Abend verbracht?

Soulfood

Nähre deine Seele und deinen Bauch

Unsere täglichen Mahlzeiten sollten nicht nur essenziell sein, sondern immer – und damit meine ich jeden einzelnen Bissen – ausgezeichnet schmecken. Ich bin absolut kein Fan von „Nutzessen". Essen, nur um satt zu sein, kommt für mich nicht infrage. Mein Motto: „Jeder Bissen soll ein kulinarisches Spektakel sein".

Mein Essen soll mir Energie geben, aber auch gute Laune, ein wohliges Gefühl – Soulfood eben. Das erreiche ich auch damit, dass ich mich immer für nahrhafte, ausgewogene Lebensmittel entscheide, aber eben nie den Spaß dahinter vergesse, denn Kochen ist für mich wie Malen – am liebsten bunt und mit so vielen Akzenten, wie ich lustig bin.

Kennst du den Satz „Life is too short to eat the dessert first!"? Den kann ich total gut nachvollziehen, auch wenn ich ein kleines Schleckermäulchen bin und Desserts liebe. Aber auch die anderen Gänge und jede Mahlzeit sollten grandios schmecken. Gerade durch meine ganzen Reisen, aber auch durch meine griechische Herkunft habe ich früh alternative Lebensmittel und Gerichte entdeckt. Das hat

sich vertieft durch meine langen Aufenthalte in Ländern wie Südafrika, der Türkei oder Australien. Mein Blick über den internationalen Tellerrand wurde immer weiter. Ich habe mehr kennengelernt und immer wieder in der eigenen Küche ausprobiert.

Was ich dir auch ans Herz legen möchte, ist: Lass dich nicht kirre machen von den vielen verschiedenen Diäten, von dem Optimierungswahn, der uns in den sozialen Netzwerken täglich begegnet. Da werden immer wieder neue Ess-Trends ausgerufen. Viele Menschen sind mittlerweile verunsichert und haben das natürliche Bauchgefühl dafür verloren, was schmeckt, was ihnen guttut.

Frisch, regional, saisonal – so einfach kann es sein

Das Label „gesund" klingt natürlich gut, aber ist es nicht schade, bei jedem Lebensmittel immer in zwei Kategorien denken zu müssen: Ist das gut oder schlecht? Diesen ganzen Stress rund um das Essen kann man sich sparen. Auch bei mir war das natürlich ein Prozess, der über Jahre gewachsen ist. Ich hatte Phasen in meinem Leben, in denen ich noch nicht so viel Wissen über Lebensmittel hatte und es mich in dieser Lebensphase auch nicht so beschäftigt hat. Ich war immer schon ein Süßmäulchen, daher war die Ration an Industriezucker, der sich in meinen Süßigkeiten versteckte, hoch. Als ich mich näher damit beschäftigte, war ich ganz erschrocken. Ich erkannte außerdem den Zusammenhang zwischen Unwohlsein, unreiner Haut, Verstimmungen und meinem Essen. Als ich mehr darüber lernte und auch darauf achtete, fühlte ich mich immer besser. Verbote vermeide ich, denn die machen ja Stress. Aber ich habe gerade im Süßbereich leckere und gesunde Alternativen gefunden, die mir guttun. Datteln, Trockenobst, Honig sind nur einige Beispiele, um Gerichte anders zu süßen. Überreife Bananen sind ebenfalls extrem süß und machen außerdem Brote, Bowls und Kuchen fluffig. Mit der Zeit findest du für jede bisher verwendete Zutat eine passende Alternative. Du wirst feststellen, wie sich dein Geschmacksinn verändert. Er ist von Fertignahrung, Fastfood und Geschmacksverstärkern stark eingeschränkt. Je natürlicher du dich ernährst, desto größer wird die Geschmackspalette auf deiner Zunge. Kräutrig, süß, pikant, scharf, mild, erdig, nussig, fruchtig, salzig, bis hin zu einzelnen Noten wirst du besser schmecken können.

Die Nahrung ist der Treibstoff unseres Körpers

Wie ich schon oben beschrieben habe, ist es eigentlich gar nicht so schwer, sich mit guten, wertigen Mahlzeiten zu versorgen. Oft selber kochen, frische, regionale und saisonale Zutaten, geschmackvoll, experimentell – von allem eine gute Mischung. Essen ist der Treibstoff unseres Körpers. Wir haben nur den einen. Und der hat es wirklich verdient, liebevoll mit Soulfood genährt zu werden. Spiele mit den Aromen und Texturen. Ich liebe die Mischung von pikant und süß, etwas Crunch darf es gerne noch haben für den Biss. Vielleicht probierst du ein neues Gericht oder traust dich an neue Zutaten. Widme der Planung, dem Einkauf, der Zubereitung alle Liebe und Zeit. Es wird dein Herz, deinen Bauch und deine Seele nähren.

Warum ich Vegetarierin bin

Fleischlos glücklich – und die Tiere auch

Schon als kleines Kind mochte ich kein Fleisch essen. Das hat mein Umfeld erstaunt zur Kenntnis genommen, denn die griechische Küche kann sehr fleischlastig sein. Ich schreibe bewusst „kann", denn genauso gut ist sie voller Gemüse, Linsen, Salate, Bohnen und mehr.

Dann kam ich in die Schule und traf auf eine vegetarische Klassenlehrerin. Ab da stand für mich fest, dass ich auch so sein wollte. Es hat sich einfach nie so wirklich richtig angefühlt, Fleisch zu essen, auch wenn ich weiß, dass es gut schmeckt. Aber das tun sehr, sehr viele andere Zutaten nun mal auch. Vor allem, wenn man sich einmal mit der vegetarischen und veganen Küche befasst, ihre ganze Vielfalt entdeckt und etwas kreativ wird. Zu der Zeit stand ich aber natürlich noch nicht selber hinter dem Herd. Und meine Mutter war ganz entsetzt, meinte, dass ich „ja nicht nur Beilagen essen kann". Das Wissen über diese Ernährungsform war noch nicht wirklich ausgeprägt, aber da sind wir heutzutage ja zum Glück weiter. Aber mit meinem kleinen Dickkopf habe ich das trotzdem durchgezogen. Und jetzt bekoche ich Mutti. Natürlich nur vegan und vegetarisch.

Als Erwachsene habe ich mich intensiver mit der Herkunft von Lebensmitteln und kritisch mit der Haltung von Tieren beschäftigt. Ich möchte aber auch nicht dogmatisch sein. Wie bei allem im Leben kommt es auf die Balance an. Ich finde es legitim, wenn die Umstände stimmen, auch ab und zu einen Fisch zu essen. Oder wenn jemand sich nach einem Stück Fleisch sehnt, sich dieses zu gönnen.

Ich finde es generell erstrebenswert, den Faktor Stress beim Essen herauszunehmen. Es geht eher um Sinnenfreude, Geselligkeit und dem Körper etwas Gutes zu geben. Nach meinem Erleben haben viele Leute einfach auch noch keine größeren Ideen für die vegetarische oder vegane Küche. Sie sind damit noch nicht so vertraut und finden nicht den richtigen Einstieg. Das möchte ich gerne mit meinem Buch ändern. Ich bin mir sicher, hier geschmackvolle, abwechslungsreiche vegetarische und vegane Gerichte zeigen und Menschen damit inspirieren zu können. Ich bin mir sicher, dich überraschen zu können mit der Vielfalt an Aromen und Möglichkeiten und freue mich sehr, dass du dich auf diese Reise begibst.

»Be prepared«

Das habe ich immer im Kühlschrank und in der Speisekammer

Ich komme auch mal mitten in der Nacht oder am Wochenende von meinen Modeljobs nach Hause und kann dann nicht immer einkaufen gehen. Daher achte ich stets darauf, eine gute Auswahl an haltbaren, aber auch frischen Lebensmitteln im Vorrat zu haben. Daraus lassen sich schnell leckere und gesunde Dinge zaubern.

• Nüsse und Nussvariationen aller Art, entweder als ganze Kerne, gehackt, als Nussbutter, Mus oder gemahlen: Pekannüsse, Mandeln, Haselnüsse, Erdnüsse, Cashewkerne, Walnüsse. Nüsse gehen immer in allen Varianten und zu vielen Gerichten. Sie sind vielseitig, Powerpakete und einfach lecker. Ich röste sie sowohl in süßen als auch pikanten Versionen – beispielsweise mit Curry oder morgens zu meinem Porridge. Und sie verleihen so vielen Speisen einen besonderen Crunch.

• Das gilt auch für getrocknete Früchte, die nicht nur lecker schmecken, sondern auch viele Vitamine und andere wertvolle Inhaltsstoffe in sich tragen. Sie eignen sich hervorragend als Zuckerersatz und süßen nicht nur Desserts oder Bowls. Dazu gehören: Cranberrys, Aprikosen, Feigen, Sultaninen, Datteln.

Und auch das findest du immer bei mir:

• Kichererbsen (z. B. um daraus Hummus zu machen)
• Haferflocken und andere Getreideflocken
• Kokosöl, Kokosmilch
• Olivenöl
• Zitronen
• Kakao
• Ahornsirup, Honig
• Pflanzliche Milch wie Mandel-, Hafer- oder Sojamilch
• Getrocknete Kräuter und Gewürze

Ich gehe regelmäßig zum Markt, daher habe ich immer frisches Obst, Gemüse und Kräuter vorrätig. Wenn möglich, besuche ich auch auf meinen Reisen hiesige Märkte vor Ort und schaue, was es dort zu entdecken gibt.

Superfood

Ein paar Lebensmittel haben besonders magische Kräfte

Bestimmt ist dir der Begriff schon mal begegnet: Superfoods. Die sollen ja über enorme Zauberkräfte verfügen. Etliche der in diesem Zusammenhang genannten Lebensmittel haben auch wertvolle Inhaltsstoffe, aber ein Teil dieses Hypes ist auch einfach eine Marketingstrategie. Viele der Superfoods werden in ihren Herkunftsländern schon seit Jahrhunderten von den Einheimischen verspeist und sind keine Neuentdeckung, wie uns die Werbestrategen weismachen möchten. Daher esse und liebe ich auch beispielsweise Gojibeeren oder Quinoa.

Kritisch muss man sich jedoch fragen, ob einige davon ziemlich teuer sind, weil darum ein Hype gemacht wird. Hochpreisige Superfoods sind nicht gut für deinen Geldbeutel und haben oft eine schlechte Ökobilanz. Avocados gehören eigentlich in diese Gruppe. Sie sind lecker und nahrhaft, aber werden oft unter schlechten Bedingungen angebaut und haben lange Transportwege. Es ist von Vorteil, sich darüber Wissen anzueignen, was wie und wo wächst. Dann kannst du deine eigene Entscheidungen darüber treffen.

Aber man muss gar nicht immer in die Ferne schweifen, denn auch auf deutschen Äckern wachsen wahre Superfrüchte. Unsere Blaubeeren sind mindestens genauso lecker und prall gefüllt mit Vitaminen, sekundären Pflanzen- und Mineralstoffen.

Manche Komponenten haben ein schlechteres Image, allein deshalb, weil sie in Kindertagen vielleicht nicht lecker zubereitet wurden. Spinat und Rote Bete fallen mir sofort ein. Da kann ich dich nur ermuntern, diesen eine zweite Chance zu geben und sie mal mit neuen Rezepten ganz neu zu erfahren.

Mach dich doch einfach auf zu einer kulinarischen Entdeckungsreise. Meine Rezepte können ein erster Schritt sein, neue Aromen und Geschmackserlebnisse zu erfahren. Diese Faustregel kann dir auch eine Hilfe sein: Je ursprünglicher ein Lebensmittel bleibt, je kürzer sein „Reiseweg", je weniger verarbeitet es ist, und wenn dann auch noch die passende Saison dafür ist, idealerweise angebaut auf unbelasteten Äckern – umso besser ist es für deinen Körper.

»If everything was

perfect,

you would

never learn

and never

grow. «

BEYONCÉ KNOWLES

Mit Freunden an einem Tisch

Liebe, lachen, lecker – so viel Leben an einer langen Tafel

Ich liebe es mit meinen Freunden zusammenzukommen, zu kochen und dann an einem großen Tisch gemeinsam zu essen. Die Wurzeln dieser Leidenschaft wurden in meiner griechischen Familie gelegt. Wir hatten oft ein volles Haus und immer saßen viele Menschen an der Tafel. Gastfreundschaft hat in der Heimat meiner Eltern einen hohen Stellenwert. Das ist tief in mir verankert. Schon die Vorbereitungen bereiten mir wohliges Herzklopfen. Ein Gang zum Markt. Die Überlegungen, was die Jahreszeit gerade an Gemüse, Kräutern und Früchten hergibt. Welche vielen kleinen Speisen sich daraus herstellen lassen. Das hängt auch davon ab, in welchem Land ich mich gerade befinde.

Die gemeinsame Tafel zelebriere ich an jedem Ort, der sich anbietet und funktioniert wunderbar auch als Picknick am Strand oder am Lagerfeuer. Oft bringen die Freunde etwas mit und so entsteht ein Überraschungsbuffet aus Lieblingsspeisen. Essen ist dann so viel mehr als nur die Nahrungsaufnahme. Es ist das Beisammensein mit lieben Menschen, die Gespräche, der Austausch, die Nähe. Wir lachen viel, aber es gibt auch tiefere Themen. Es wird gesungen und musiziert – je nachdem, wie viele Musiker vielleicht unter den Gästen sind.

Durch meinen Beruf bin ich viel unterwegs und habe dadurch einen sehr ungewöhnlichen Lebensrhythmus. Es ist wunderbar, aber auch nicht ganz leicht, mit geliebten Menschen, der Familie und Freunden zusammenzukommen. Da sind diese geselligen Runden eine wunderbare Gelegenheit, sich auszutauschen, Nähe zu schaffen. Es geht weniger darum perfekt zu sein. Verbringt nicht die Zeit damit, alles auf Hochglanz zu polieren oder das Essen sogar ausfallen zu lassen, weil die Wohnung nicht aufgeräumt ist. Wir machen uns oft viel zu viele Gedanken darüber. Dabei achtet kein Mensch darauf, weil der Fokus auf das schöne Beisammensein liegt. Gerade wenn es einem nicht so gut geht, man traurig und ohne Antrieb ist, kann ein Treffen mit Freunden wahre Wunder wirken. Wir vergessen die Sorgen und tanken neue Leichtigkeit und Energie, um mit diesem neuen Schwung am nächsten Tag das Leben wieder in Angriff zu nehmen.

BREAKFAST

To start
THE DAY
right

The Greek

**»Die Zukunft gehört denen,
die an ihre Träume glauben.«**
ELEANOR ROOSEVELT

Den Backofen auf 180 °C vorheizen. Die Tomaten waschen und halbieren. Die Peperoni waschen, längs halbieren, entkernen und in Ringe schneiden.

Feta in eine Auflaufform geben, mit Kräuterbutter bestreichen, die Peperoniringe und die Tomatenhälften auflegen. Im Ofen etwa 10 Minuten backen.

Anschließend die Brotscheiben mit dem gebackenen Feta belegen, mit Blättchen vom Oreganozweig, Salz und Pfeffer würzen und mit Olivenöl beträufeln.

 **Tipp: Das Brot vorher rösten oder toasten.
Schmeckt noch besser!**

2 Portionen

4–5 Cocktailtomaten

2 grüne Peperoni

100 g Feta
(vegan: veganer Cheddar)

1 EL Kräuterbutter

2 Scheiben Brot
(optional: glutenfrei)

1 Zweig Oregano
(alternativ: getrockneter Oregano)

Salz

Pfeffer aus der Mühle

2 EL Olivenöl

Avocado-Brot

»You'll never speak to anyone
more than yourself. Be kind.«

1–2 Portionen

1 Avocado

Chilipulver

Salz

Pfeffer aus der Mühle

2 EL Honig
(vegan: Dattel-
oder Ahornsirup)

2 Scheiben Brot
(optional: glutenfrei)

50 g Feta (vegan:
veganer Cheddar)

Die Avocado halbieren und den Stein entfernen. Die Hälften schälen und das Fruchtfleisch in kleine Stücke schneiden.

In einer Schüssel mit Chilipulver, Salz, Pfeffer und Honig mischen und abschmecken. Wenn möglich, dabei nicht zu stark zerdrücken, sondern lieber stückig lassen.

Die Brote mit dem Avocado-Honig-Mischung bestreichen. Besonders lecker ist es, das Brot vorher zu rösten. Feta klein würfeln und darüberstreuen.

Tipp: Nur braun bis schwarz verfärbte Avocado sind weich genug, um cremig verarbeitet zu werden. Du kannst auch mehrere grüne Früchte einkaufen. Sie reifen nach und du kannst sie dann über mehrere Tage hinweg verbrauchen.

Selbstgemachtes Granola

»You've got something they don't.«

Den Backofen auf 160 °C vorheizen. Die Datteln klein schneiden. In einer Schüssel Haferflocken, Nüsse, Samen und Kerne, Sultaninen, Kokosraspeln und Datteln vermischen.

In einem kleinen Topf bei mittlerer Hitze das Kokosöl mit dem Ahornsirup, dem Zimt- und Vanillepulver mischen und 30 Sekunden erwärmen. Die warme Glasur über die Granolamischung geben und verrühren. Die Masse auf ein mit Backpapier ausgelegtes Backblech streichen und 10 bis 12 Minuten goldbraun backen.

Aus dem Ofen nehmen und auf dem Blech gut auskühlen lassen. Die erst noch warme, weiche Granola wird beim Abkühlen schön crunchy.

Tipp: Anstatt Sultaninen einfach mal Cranberrys oder extra Schokochips dazugeben. Schon hast du einen neuen „Touch" im Granola.

4–6 Portionen

8 Medjool-Datteln (entsteint)

200 g Haferflocken
(optional: glutenfrei)

200 g Nuss-Mischung
(z. B. Pekannusskerne,
Mandeln und Walnusskerne)

100 g Samen und Kerne
(z. B. Sonnenblumenkerne,
Kürbiskerne, Leinsamen)

3 EL Sultaninen

3 EL Kokosraspeln

3 EL Kokosol

3 EL Ahornsirup

1 EL Zimtpulver

1 TL Vanillepulver

Nuss-Porridge

»Good sleep, food, exercise, sunshine and self love is the greatest medicine.«

2 Portionen

Basis:

½ Apfel

100 g zarte Haferflocken
(optional: glutenfrei)

250 ml Haselnussmilch
(alternativ: Mandelmilch)

2 EL Rosinen

2 EL Nussmischung (Mandeln,
Haselnuss-, Pekannuss- und
Cashewkerne)

2 EL Sonnenblumen- und
Kürbiskerne

2 TL Zimtpulver

Topping:

½ Apfel

2 EL Nussmischung

1 EL Nussbutter, crunchy

1–2 EL Ahornsirup

1 TL Zimtpulver

1 EL Kokosöl

In einem Topf Haferflocken in der Pflanzenmilch bei mittlerer Hitze unter ständigem Rühren erwärmen, bis eine cremige Masse entsteht. Apfel waschen, halbieren und entkernen. Eine Hälfte in dünne Scheiben schneiden und diese mit etwas Kokosöl und Zimt bei mittlerer Hitze in einer Pfanne anbraten, bis beide Seiten goldbraun sind. Die Nüsse für 2 bis 3 Minuten in die Pfanne hinzugeben, leicht anrösten.

Für das Topping die andere Hälfte des Apfels in kleine Würfel schneiden und mit Rosinen, Kernen und Zimtpulver unter das Porridge rühren und kurz mitgaren.

Weiches Porridge in eine Schüssel geben und mit den goldbraunen Apfelstücken, den gerösteten Nüssen, der Nussbutter, dem Ahornsirup, dem Zimtpulver und dem Kokosöl garnieren.

Beerige Smoothie Bowl

»Für den Fall, dass es dir heute noch
keiner gesagt hat: Du bist wundervoll.«

Die Banane schälen und mit den Beeren, den Datteln, der Kokosmilch, 30 ml Wasser und optional dem Acai-Pulver im Mixer etwa
1 Minute zu einer cremigen Masse verrühren.

Die Masse in eine Schüssel (Bowl) füllen und nach deinem Geschmack mit den frischen Beeren, den Kokosraspeln, dem Mandelmus und dem Ahornsirup garnieren.

 Tipp: Diese Textur entsteht nur mit gefrorenen Beeren,
nicht mit frischen!

1 Portion

Basis:

1 Banane

75 g gefrorene Erdbeeren

75 g gefrorene Himbeeren

2 Medjool-Datteln (entsteint)

100 ml Kokosmilch (Dose)

optional: 1–2 EL Acai-Pulver

Topping:

50 g Blaubeeren

50 g Erdbeeren

50 g Himbeeren

2 EL Kokosraspeln

1 EL Mandelmus

1 EL Ahornsirup

Chocolate Smoothie Bowl

»Be like a pineapple. Stand tall,
wear a crown and be sweet on the inside.«

1–2 Portionen

Basis:

½ Banane

1 Avocado

1 Zucchini

2 Medjool-Datteln (entsteint)

1 EL Haselnussmus

1–2 EL dunkles Kakaopulver

100 ml Kokos-Schokomilch

optional: 1 EL Ahornsirup

1–2 EL Macha-Pulver

Toppings:

½ Banane

2 EL selbstgemachtes
Granola (siehe Seite 67)

50 g Beeren

1 EL Kakaonibs

1 EL Haselnuss- oder
Mandelmus

1 EL Ahornsirup

Die Banane schälen und die Hälfte in Stücken in den Mixer geben. Die Avocado halbieren, den Stein entfernen, das Fruchtfleisch schälen und zur Banane in den Mixer geben.

Die Zucchini schälen und in Stücke schneiden. Datteln, Zucchini, Haselnussmus, Kakaopulver und Pflanzenmilch zu den anderen Zutaten 1 Minute mixen, bis eine cremige Masse entsteht.

Optional kannst du den Smoothie auch mit Ahornsirup und Macha-Pulver verfeinern.

Creme in eine Bowl füllen und nach Geschmack mit der übrigen halben Banane, Granola, Beeren, Kakaonibs, Nuss- oder Mandelmus und Ahornsirup garnieren.

 **Tipp:** Alternativ zur Kokos-Schokomilch eine Soja- oder andere pflanzliche Schokomilch verwenden.

Bananen-Pancakes

»Eat better. Sleep earlier. Read books. Go outside.
Walk in nature. Take time off. Be happy.«

Die reifen Bananen schälen und mit einer Gabel zerdrücken. Haferflocken mahlen. Bananenmus mit den Haferflocken, den Mandeln, den Chiasamen, dem Zimt und der Mandelmilch zu einem Teig verrühren. Mit Ahornsirup abschmecken und 15 Minuten quellen lassen.

Kokosöl in eine Pfanne geben und bei mittlerer Hitze kleine Pancakes jeweils 2 bis 3 Minuten von jeder Seite backen, bis sie goldbraun sind. Warm stellen.

Für das Topping die Banane schälen, in Stücke schneiden, mit Zimt bestäuben, mit etwas Ahornsirup beträufeln und mit dem Kokosöl in der Pfanne bei mittlerer Hitze karamellisieren.

Pancakes auf dem Teller anrichten. Mit den Bananen und den Beeren belegen und dem restlichen Ahornsirup beträufeln.

 Tipp: Je reifer die Bananen, desto süßer sind sie. Oft verbergen sich unter den unansehnlichen braunen Schalen die leckersten Früchte. Davon hängt auch die Menge des Ahornsirups ab: Es kann schnell zu süß werden.

2 Portionen

2 reife Bananen

100 g Haferflocken,
(optional: glutenfrei)

50 g Mandeln, gemahlen

2 EL Chiasamen

1 EL Zimtpulver

150 ml Mandelmilch

2 EL Ahornsirup

1 EL Kokosöl

Topping:

1 Banane

1 TL Zimtpulver

2 EL Ahornsirup

etwas Kokosöl

100 g Beeren

Baked Blueberry Oatmeal

»Be the change you want to see in the world.«
MAHATMA GANDHI

2 Portionen

150 ml Mandelmilch

100 g Haferflocken
(optional: glutenfrei)

1 Msp. Zimtpulver

1 Banane

100 g Blaubeeren

50 g Sultaninen

30 g Walnusskerne

1–2 EL Ahornsirup

Den Backofen auf 180 °C vorheizen. Die Mandelmilch in einem Topf auf dem Herd bei mittlerer Hitze erwärmen. Haferflocken und Zimt einrühren und unter ständigem Rühren 3 bis 5 Minuten sanft köcheln lassen, bis eine cremige Masse entsteht.

Die Banane schälen und in kleine Stücke schneiden. Die Blaubeeren waschen. Die Hälfte der Banane, Blaubeeren, Sultaninen, die Hälfte der Walnusskerne sowie etwas Ahornsirup nach Geschmack unter die Masse rühren.

Die fertige Mischung in eine Auflaufform füllen. Mit den restlichen Bananenstückchen und Walnusskernen dekorieren und nach Geschmack mit dem restlichen Ahornsirup toppen.

15 bis 20 Minuten im Ofen backen.

Süßkartoffel-Toast

»Reality is created by the mind.
If you change your mind, you can change your reality.«

Die Süßkartoffel schälen und in 1 cm dicke Scheiben schneiden. Die Tomaten waschen, Stielansätze entfernen und in Scheiben schneiden. Getrocknete Tomaten in kleine Stücke schneiden. Pinienkerne in einer Pfanne ohne Öl kurz anrösten. Optional: Feta fein würfeln.

Die Süßkartoffelscheiben entweder in einem Sandwichmaker oder in einer Pfanne mit etwas Kokosöl in etwa 3 Minuten von beiden Seiten knusprig rösten.

Auf einem Teller anrichten, mit Guacamole bestreichen, mit den Tomaten, den Pinienkernen und eventuell dem Feta belegen.

Für die süße Variante

Die Banane schälen und in Scheiben schneiden. Die geröstete Süßkartoffel mit dem Mandelmus bestreichen und mit den Bananenscheiben belegen. Dann folgt eine Schicht Granola. Mit Zimt bestreuen und zum Schluss eine Portion Honig bzw. Ahornsirup aufträufeln.

1 Portion

Basis:

1 Süßkartoffel

Herzhaft:

2–3 Tomaten

2–3 getrocknete Tomaten

1 EL Pinienkerne

optional: 50 g Feta (vegan: veganer Cheddar)

1 EL Guacamole
(siehe Seite 83)

Süß:

1 EL Mandelmus

½ Banane

1 EL selbstgemachtes Granola (siehe Seite 67)

Zimtpulver

1 EL Honig (vegan: Dattel- oder Ahornsirup)

YOU GET THE POWER

quick & easy
MAINS
for busy days

Meine Dip-Variationen

»Love is a seed. If you care well, it grows.«

**Alle Dips ergeben
jeweils 4 Portionen**

2 Auberginen

1–2 Knoblauchzehen

1 EL Dattelsirup

1 EL Kreuzkümmelpulver

2 EL Tahin (Sesampaste)

2 EL Olivenöl

BABA GANOUSH

Den Backofen auf 180 °C vorheizen. Die Auberginen waschen und im Ofen etwa 45 Minuten backen, bis sie weich sind. Die Knoblauchzehen schälen. Nach dem Backen die Auberginen auskühlen lassen, dann die Schale entfernen. Das Auberginenpüree mit dem Knoblauch, dem Dattelsirup, dem Kreuzkümmel, dem Tahin und dem Olivenöl im Mixer zu einer cremigen Masse verrühren.

GUACAMOLE

Die Avocados halbieren, den Stein entfernen und das Fruchtfleisch schälen. Die Zitrone halbieren und auspressen. Wenn du die Guacamole wie ich eher crumbly-cremig magst, das Avocadofleisch mit der Gabel zerdrücken und alle anderen Zutaten hinzufügen. Ansonsten die Avocados mit dem Zitronensaft, dem Olivenöl, dem Honig und den Gewürzen im Mixer zu einer Creme verarbeiten.

2 reife Avocados

1 Zitrone

2 EL Olivenöl

2 EL Honig
(vegan: Agavendicksaft)

Salz

Pfeffer aus der Mühle

Chilipulver

KLASSISCHER HUMMUS

Die Zitrone halbieren und auspressen. Die Knoblauchzehen schälen.

Die Kichererbsen, den Knoblauch, den Zitronensaft, das Olivenöl, das Sesamöl, 250 ml Wasser, den Kreuzkümmel und das Salz im Mixer zu einer cremigen Masse verrühren.

1 Zitrone

2 Knoblauchzehen

1 kg Kichererbsen, gekocht

2 EL Olivenöl

2 EL Sesamöl

1 EL Kreuzkümmelpulver

Salz

HUMMUS SÜSS

Den klassischen Hummus wie oben angegeben zubereiten.

Die Datteln und die Feigen klein schneiden. Die Walnüsse grob hacken. Anschließend den Honig, den Zimt und etwas Rosmarin unter den Hummus rühren.

Klassischer Hummus
(siehe oben)

50 g Datteln

50 g Feigen

50 g Walnusskerne

2 EL Honig
(vegan: Dattelsirup)

1 EL Zimtpulver

Rosmarin

Modern Greek Salad

»See life through my eyes.«

2 Portionen

200 g Feta
(vegan: veganer Cheddar)

4–5 EL Olivenöl

1 Zweig Oregano

Salz

Pfeffer aus der Mühle

3 Cocktailtomaten

1 Salatgurke

2–3 grüne Peperoni

Saft von 1 Zitrone

100 g schwarze Oliven
(entsteint)

optional: ½ rote Zwiebel,
in Ringen

Den Backofen auf 170 °C vorheizen. Den Feta in eine Auflaufform geben. Mit etwas Olivenöl beträufeln, den abgezupften Oreganoblättchen bestreuen, Salz und Pfeffer würzen. Anschließend 12 bis 15 Minuten backen.

In der Zwischenzeit die Tomaten waschen, Stielansätze entfernen und die Tomaten in grobe Stücke schneiden. Gurke waschen, entkernen und wie die Peperoni in mundgerechte Stücke schneiden. Alles auf einem Teller anrichten.

Das restliche Olivenöl mit dem Zitronensaft anrühren und mit Oreganoblättchen, Salz und Pfeffer würzen. Den gebackenen Feta auf das Gemüse geben, die Vinaigrette darübergeben. Mit Oliven und nach Belieben mit roten Zwiebelringen toppen.

Gebackene Auberginen

»Don't expect to see a change,
if you don't make one.«
JOHN ASSARAF

Den Backofen auf 180 °C vorheizen. Die Auberginen halbieren, mit Olivenöl, Salz und Pfeffer würzen und 40 Minuten backen, bis sie weich und cremig sind.

Knoblauchzehe schälen und fein würfeln. Anschließend die Auberginen aushöhlen und die Masse mit 2 EL Tahin, dem Zitronensaft, dem Mandeljoghurt, dem Knoblauch, dem Sirup und den Gewürzen im Mixer zu einer cremigen Masse verrühren.

Die Mischung in die Auberginen füllen und mit dem restlichen Tahin, den Granatapfelkernen und Korianderblättern toppen.

Die Krönung ist ein Schuss Olivenöl.

2 Portionen

2 Auberginen

2 EL Olivenöl

Salz

Pfeffer aus der Mühle

1 Knoblauchzehe

3 EL Tahin (Sesampaste)

Saft von ½ Zitrone

150 g Mandeljoghurt

2 EL Ahornsirup

2 TL Kreuzkümmelpulver

1 TL Zimtpulver

50 g Granatapfelkerne

1 Bund Koriander

»Be patient,
be humble,
be kind.
To others and yourself.
And see how
your life changes.«

Vegan Creamy Pasta

»Maybe she's crazy,
maybe she just needs carbs.«

2 Portionen

½ Blumenkohl

Salz

250 g Penne
(optional: glutenfrei)

1 Schalotte

2 Knoblauchzehen

1 Aubergine

Öl zum Braten

2 EL Olivenöl

100 ml Hafermilch

250 ml Gemüsebrühe

½ TL frisch geriebene
Muskatnuss

300 g Spinat

Pfeffer aus der Mühle

Den Blumenkohl in Röschen schneiden, waschen und in etwa 10 Minuten bei mittlerer Hitze in Salzwasser bissfest garen. In einem Topf mit kochendem Salzwasser die Nudeln nach Packungsanweisung garen. Die Schalotte und die Knoblauchzehen schälen und fein würfeln. Die Aubergine waschen und in Scheiben schneiden.

In einer Pfanne die Aubergine mit Öl scharf anbraten, Schalotten- und Knoblauchwürfel zugeben und 10 Minuten bei schwacher Hitze weich dünsten. Den fertigen Blumenkohl mit dem Olivenöl, der Hafermilch, der Gemüsebrühe und den Gewürzen in den Mixer geben und 1 Minute mixen.

Den Spinat verlesen, waschen, gut abtropfen lassen und die groben Stiele entfernen.

Die Nudeln und die fertige Sauce mit dem Spinat zu den Auberginen in die Pfanne geben und für 2 bis 3 Minuten unter ständigem Umrühren köcheln, bis auch der Spinat weich ist. Mit Salz und Pfeffer abschmecken.

Ziegenkäse-Salat

»The universe sends us exactly what we are ready for at the exact time we need it. Trust.«

AUS DEM KUNDALINI-YOGA

Die Süßkartoffeln schälen und etwa 20 Minuten in kochendem Wasser garen. Auskühlen lassen und ebenso wie die Rote Bete und den entkernten Apfel in dünne Scheiben schneiden. Den Spinat verlesen, waschen, trocken schleudern, grobe Stiele entfernen und auf einem Teller anrichten. Darauf die Obst- und Gemüsescheiben legen.

Aus dem Olivenöl, dem Honig, dem Senf sowie 1 EL Wasser, gehackten Rosmarinnadeln, gezupften Thymianblättchen und dem Pfeffer eine Vinaigrette rühren.

Den Ziegenfrischkäse zu kleinen Bällchen formen und in dem Granola rollen. Anschließend diese auf den Salat-Gemüsemix setzen und mit der Vinaigrette beträufeln.

2 Portionen

Salat:

2 Süßkartoffeln

300 g Rote Bete, gegart

1 Apfel, entkernt

200 g Spinat

200 g Ziegenfrischkäse

2 EL Granola (siehe Seite 67)

Dressing:

3 EL Olivenöl

2 EL Honig (vegan: Dattel- oder Ahornsirup)

1 EL mittelscharfer Senf

1 Zweig Rosmarin

1 Zweig Thymian

Pfeffer aus der Mühle

93

Gebackener Feta

»A day without a smile is just a wasted one.«

2 Portionen

2 Cocktailtomaten

200 g Feta
(vegan: veganer Cheddar)

1 EL Kräuterbutter

1 grüne Peperoni

2 EL Olivenöl

1 Zweig Oregano

Pfeffer aus der Mühle

4 Scheiben
rustikales Baguette

Den Backofen auf 170 °C vorheizen. Die Tomaten waschen und die Stielansätze entfernen. Die Tomaten und die Peperoni in feine Scheiben schneiden. Den Feta in einer Auflaufform mit der Kräuterbutter bestreichen. Tomaten und Peperoni auflegen, mit etwas Olivenöl beträufeln und mit gezupften Oreganoblättchen und Pfeffer würzen. 15 Minuten backen.

Die Brotscheiben mit dem restlichen Olivenöl beträufeln, mit Salz und Pfeffer aus der Mühle würzen und die letzten 5 Minuten im Ofen mitbacken. Fetamischung auf das geröstete Brot geben.

Tipp: Eignet sich auch ideal als kleine Tapas-Variante, wenn man mal ein volles Haus hat.

Honig-Kürbis

»You have two homes. The earth and your body. Take care of them.«

Den Backofen auf 180 °C vorheizen. Den Butternusskürbis teilen, entkernen, in Würfel schneiden und in eine Auflaufform geben. Das Olivenöl und den Honig mit dem Zimt vermischen und über den Kürbis träufeln. Alles zusammen etwa 25 Minuten backen.

Den Spinat verlesen, waschen, trocken schleudern und die groben Stiele entfernen.

Aus Olivenöl, Honig, 1 TL Wasser, gehackten Rosmarinnadeln, gezupften Thymianblättchen, Meersalz und Pfeffer ein Dressing mischen.

Auf einem Teller den gebackenen Kürbis und den Spinat anrichten, mit den Pekannüssen, den Cranberrys und dem Dressing mischen. Feta klein würfeln und darüberstreuen.

2–3 Portionen

1 Butternusskürbis

3 EL Olivenöl

2 EL Honig (vegan: Dattel-oder Ahornsirup)

1 EL Zimtpulver

200 g Spinat

80 g Pekannusskerne

80 g Cranberrys

100 g Feta
(vegan: veganer Cheddar)

Dressing:

2 EL Olivenöl

2 EL Honig (vegan: Dattel-oder Ahornsirup)

1 Zweig Rosmarin

1 Zweig Thymian

Meersalz

Pfeffer aus der Mühle

Mediterrane Pasta

»Not all storms come to disrupt your life, some come to clear your path.«

2 Portionen

Salz

250 g Spaghetti
(optional: glutenfrei)

100 g getrocknete Tomaten

100 g Rucola

60 g Pinienkerne

100 ml passierte Tomaten

2 EL Olivenöl

4 EL Pesto Rosso

1 Zweig Oregano

1 Zweig Rosmarin

Pfeffer aus der Mühle

In einem Topf mit reichlich kochendem Salzwasser die Spaghetti nach Packungsanweisung bissfest garen.

Die getrockneten Tomaten klein schneiden. Den Rucola waschen, schleudern oder trocken tupfen, grobe Stiele kürzen. Die Pinienkerne in einer Pfanne ohne Öl rösten.

In der Pfanne die passierten und getrockneten Tomaten mit dem Olivenöl und dem Pesto anrühren. Oreganoblätter vom Zweig abstreifen, Rosmarinnadeln klein schneiden. Sauce mit Oregano, Rosmarin, Salz und Pfeffer würzen.

Auf einem Teller die Nudeln anrichten, die Sauce darübergeben und mit Rucola und Pinienkernen bestreuen.

Grünes indisches Curry

»Get in the habit of asking yourself: Does this support the life I'm trying to create?«

Den Backofen auf 170 °C vorheizen. Den Blumenkohl und den Brokkoli in Röschen schneiden und waschen. Die Pastinaken schälen und würfeln.

Alles mit den Bohnen, dem Sesamöl und den Gewürzen zusammen auf einem Backblech mischen und 25 bis 30 Minuten backen.

Den Spinat verlesen, waschen, abtropfen lassen und die groben Stiele entfernen. Anschließend das weiche, gebackene Gemüse, die Linsen und den Spinat zusammen mit der Currypaste und der Kokosmilch in einer Pfanne 10 Minuten bei schwacher Hitze köcheln lassen, bis das Curry cremig ist.

Tipp: Currys gehen nicht nur superschnell und sind total lecker, sondern sind auch immer eine tolle Kochidee, wenn man mal Besuch hat.

2–3 Portionen

1 Blumenkohl

1 Brokkoli

2 Pastinaken

200 g grune Bohnen

2 EL Sesamöl

Kreuzkümmelpulver

Salz

Chilipulver

200 g Spinat

200 g grüne Linsen

2 EL grüne Currypaste

400 ml Kokosmilch

COOKING FOR FRIENDS

Because
SHARING
is
CARING

Veggie-Lasagne

»Spend time with people who connect you to the best version of yourself.«

Den Backofen auf 180 °C vorheizen. Den Butternusskürbis waschen, halbieren und entkernen. 30 Minuten im Ofen backen, anschließend würfeln. Die Paprikaschote waschen, halbieren, entkernen und in kleine Stücke schneiden. Die Pilze trocken abbürsten und ebenso wie die gewaschenen Zucchini und die Aubergine in Scheiben schneiden. Die Zwiebel und die Knoblauchzehen schälen und fein würfeln. Oreganoblättchen abzupfen und fein hacken.

Zuerst die Aubergine mit den Zwiebeln und dem Knoblauch in einer großen Pfanne mit Öl bei mittlerer Hitze anbraten. Mit Salz, Pfeffer und Oregano würzen. Nach 5 Minuten das restliche Gemüse mitbraten. Kürbis erst für die letzten Minuten dazugeben. In einem Topf bei mittlerer Hitze Margarine zerlassen, Mehl einrühren, Milch dazugießen und unter Rühren köcheln lassen, bis eine cremige Sauce entsteht. Mit Salz und Muskatnuss würzen. Eine Auflaufform mit Olivenöl fetten, eine erste dünne Schicht Gemüse einfüllen, Lasagneplatten auflegen, mit Sauce begießen und mit Mozzarella belegen. In dieser Reihenfolge weiterschichten, bis alles verbraucht ist. Mit Mozzarella abschließen.

Anschließend 45 Minuten im Ofen backen. 10 bis 15 Minuten auskühlen und ziehen lassen.

4–6 Portionen

1 Butternusskürbis

1 rote Paprikaschote

500 g Champignons

2 Zucchini

1 Aubergine

1 Zwiebel

2–3 Knoblauchzehen

1 Zweig Oregano

2 EL Olivenöl

Salz

Pfeffer aus der Mühle

50 g Margarine

3 EL Mehl

500 ml Hafermilch

frisch geriebene Muskatnuss

400 g Mozzarella, in Scheiben

400 g Lasagneplatten

105

Healthy Häppchen

»Du bist für dein Glück verantwortlich.«

4 Portionen

1 Kopfsalat

2 Frühlingszwiebeln

300 g Champignons

200 g Tofu, natur

1 Bund Koriander

80 g Erdnusskerne

3 EL Sesamöl

3 EL Erdnussbutter

2 EL Sojasauce

2 EL Honig (vegan: Dattel-
oder Ahornsirup)

2 EL Mirin (Reisschnaps)

½ Chilischote

Salz

Vom Kopfsalat die äußeren Blätter entfernen, dann ganze Blätter abnehmen, waschen und trocken tupfen oder schleudern. Auf Tellern anrichten. Die Frühlingszwiebeln putzen und in kleine Ringe schneiden. Die Champignons abbürsten und wie den Tofu in Scheiben schneiden. Korianderblättchen abzupfen und beiseitelegen. Erdnüsse grob hacken.

In einer Pfanne die Frühlingszwiebeln in 1 EL Sesamöl bei mittlerer Hitze anschwitzen. Dann folgen die Pilze und die Erdnussbutter für 5 bis 6 Minuten.

In einer anderen Pfanne die Tofuscheiben in dem restlichen Sesamöl anbraten und mit der Sojasauce, dem Honig und dem Mirin ablöschen. Die halbe Chilischote längs halbieren, entkernen, waschen und fein hacken. Mit Salz und Chilischote würzen.

Die Salatblattboote mit den Champignons und der Tofu-Mischung füllen. Gehackte Erdnüsse und Korianderblättchen runden das Ganze ab.

Bananencurry

»So many people love you, don't focus on the ones who don't.«

Den Backofen auf 170 °C vorheizen. Den Blumenkohl in Röschen teilen und waschen.

Paprika und Butternusskürbis waschen und entkernen. Süßkartoffel, Pastinake und Möhre schälen. Das Gemüse in mundgerechte Stücke bzw. Scheiben schneiden.

Das Gemüse auf ein mit etwas Sesamöl gefettetes Backblech geben. Mit Zimt, Kreuzkümmel, Curry und Chili, Salz und Pfeffer würzen. Etwa 30 Minuten backen, bis alles weich ist.

Die Bananen schälen und in Scheiben schneiden. Mit dem restlichen Sesamöl bei mittlerer Hitze in einer großen Pfanne rösten. Das fertige Gemüse und die Kichererbsen dazugeben, mit der Kokosmilch ablöschen und mit der Currypaste würzen. Die Mischung 10 Minuten bei schwacher Hitze köcheln lassen, bis ein cremiges Curry entstanden ist.

 Tipp: Schmeckt superlecker mit knusprigem Halloumi oder Hummus und Falafel.

2–3 Portionen

1 Blumenkohl

1 gelbe Paprikaschote

1 orange Paprikaschote

½ Butternusskürbis

1 Süßkartoffel

1 Pastinake

1 Möhre

2 EL Sesamöl

Zimtpulver

Kreuzkümmelpulver

süßes Currypulver

Chilipulver

Salz

Pfeffer aus der Mühle

2 Bananen

400 g Kichererbsen (gekocht)

400 ml Kokosmilch

2 EL gelbe Currypaste

Homemade Gnocchi

»Liebe ist die Essenz des Lebens!«
LAOTSE

4 Portionen

1 kg Kartoffeln

Salz

400 g Mehl
(optional: glutenfrei)

Pinienkerne

1 Zweig Thymian

2 Zweige Salbei

Margarine

Die Kartoffeln schälen und etwa 25 Minuten in kochendem Salzwasser garen, anschließend abgießen. Mit einem Kartoffelstampfer zerdrücken und mit dem Mehl zu einem geschmeidigen Teig verkneten.

Die Arbeitsfläche bemehlen. Jeweils eine Handvoll Teig darauf zu einer etwa fingerdicken Rolle formen. Mit einem Messer in mundgerechte Stücke schneiden und mit einer Gabel eindrücken.

Die Gnocchi in einen Topf mit leicht kochendem Salzwasser garen. Wenn sie nach oben steigen, sind sie fertig.

Die Pinienkerne in einer Pfanne ohne Öl rösten. Die Gnocchi mit gezupften Salbei- und Thymianblättern in der Margarine goldbraun braten. Mit den Pinienkernen servieren.

Marokkanischer Blumenkohl-Reis

»Everything in life is either
a learning or a blessing.«

Den Backofen auf 180 °C vorheizen. Die Pastinake schälen und in Würfel schneiden.

Den Blumenkohl erst in Röschen teilen, waschen und anschließend im Mixer etwa reiskorngroß schreddern. Die Pastinakenwürfel mit etwas Sesamöl in einer Auflaufform 10 bis 15 Minuten backen, bis sie goldbraun sind.

Die Mandeln grob hacken und in einer anderen Form ohne Öl 8 bis 10 Minuten im Backofen rösten.

Die Aprikosen ebenfalls grob hacken. Die Zitrone auspressen. Anschließend den Blumenkohl und die Pastinakenwürfel mit Kokosöl, Dattelsirup, etwas Sesamöl und Salz bei mittlerer Hitze 5 Minuten anbraten. Mit dem Kreuzkümmel, dem Zimt, der Kurkuma und der geriebenen Muskatnuss würzen.

Dann folgen die Sultaninen, die gehackten Aprikosen und gebackenen Mandeln sowie der Zitronensaft. 2 bis 3 Minuten köcheln lassen, mit Granatapfelkernen und Korianderblättchen garnieren und anschließend servieren.

2 Portionen

1 Pastinake

1 Blumenkohl

3–4 EL Sesamöl

70 g Mandeln

100 g getrocknete Aprikosen (ungeschwefelt)

1 Zitrone

2 EL Kokosöl

1–2 EL Dattelsirup

Salz

1 EL Kreuzkümmelpulver

1 EL Zimtpulver

1 TL Kurkumapulver

1 TL frisch geriebene Muskatnuss

100 g Sultaninen

100 g Granatapfelkerne

1 Bund Koriander

»If you are the creator of your reality, it can either be your cage or your field.«

Mexican Mansch

»Mindset is what separates the best from the rest.«
JOHN ASSARAF

4 Portionen

3 Süßkartoffeln

500 g Mais (aus der Dose)

500 g dunkle Bohnen (aus dem Glas)

2 Zwiebeln

2 Knoblauchzehen

4 EL Olivenöl

Kreuzkümmelpulver

2 Zitronen

2 Bund Koriander

10 EL Tomatenmark

10 EL Ahornsirup

Salz

Chilipulver

12 EL Mandeljoghurt

Guacamole (siehe Seite 83)

Den Backofen auf 180 °C vorheizen. Die Süßkartoffeln schälen und in kleine Würfel schneiden.

Den Mais und die dunklen Bohnen in ein Sieb schütten und abtropfen lassen. Die Zwiebeln und die Knoblauchzehen schälen und fein hacken. Süßkartoffelwürfeln mit dem Mais und den Zwiebeln auf einem geölten Backblech mischen und mit Kreuzkümmelpulver würzen. Etwa 25 Minuten backen.

Bohnen und der Knoblauch hinzufügen. Die Mischung weitere 10 Minuten rösten.

Die Zitronen auspressen, Korianderblättchen abzupfen. Aus dem Tomatenmark, dem Ahornsirup und dem Zitronensaft eine Sauce mixen, mit Salz und Chilipulver abgeschmecken. Die Sauce unter das gebackene Gemüse rühren.

Die Portionen auf einem Teller anrichten und mit jeweils 2 bis 3 EL Mandeljoghurt, hausgemachter Guacamole und Korianderblättchen servieren.

Feurige Pasta

»If you can dream it you can do it.«
WALT DISNEY

Die Rote-Linsen-Pasta in einem Topf mit kochendem Salzwasser nach Packungsanweisung bissfest garen, anschließend abgießen. Die Tomaten waschen, Stielansätze entfernen, die Tomaten in Stücke schneiden. Die Paprikaschoten putzen, halbieren, entkernen und ebenfalls in mundgerechte Stücke zerteilen.

Die Zucchini waschen. Wie auch die geputzten Champignons in Scheiben schneiden. Die Zwiebel und die Knoblauchzehe schälen und fein würfeln. Die Basilikumblätter grob hacken.

Die Zwiebel- und Knoblauchwürfel im Olivenöl bei mittlerer Hitze in einer großen Pfanne etwa 1 Minute anbraten. Das geschnittene Gemüse hinzufügen und mit Basilikum, Chilipulver, Salz und Pfeffer würzen. Die Mischung 10 Minuten braten.

Anschließend die passierten Tomaten, einen Schuss Olivenöl und das Pesto Rosso unterrühren, köcheln lassen. Zum Schluss die Nudeln untermischen.

2 Portionen

250 g Rote-Linsen-Pasta

Salz

2 Tomaten

2 rote Paprikaschoten

1 orange Paprikaschote

1 Zucchini

200 g Champignons

1 rote Zwiebel

1 Knoblauchzehe

1 Handvoll Basilikumblätter

1 EL Olivenöl

Chilipulver

Pfeffer aus der Mühle

400 g Tomaten, passiert

2 EL Pesto Rosso
(fertig, aus dem Glas)

Baked Gnocchi

»So many years of education, yet nobody told us how to love ourselves and why it's so important.«

4–6 Portionen

500 g Champignons

200 g Spinat

100 g Walnusskerne

Öl zum Braten

Gnocchi (Siehe Seite 110)

Salz

Pfeffer aus der Mühle

50 g Margarine

3 EL Mehl
(optional: glutenfrei)

500 ml Hafermilch

frisch geriebene Muskatnuss

100 g Parmesan

Den Backofen auf 160 °C vorheizen. Die Champignons putzen und in Scheiben schneiden. Den Spinat verlesen, waschen, abtropfen lassen, grobe Stiele entfernen. Die Walnüsse grob hacken und in der Pfanne ohne Öl kurz anrösten. Zur Seite stellen.

Champignons in einer Pfanne mit etwas Öl bei starker Hitze 5 Minuten anbraten. Gnocchi im siedenden Salzwasser garziehen lassen, bis sie hochsteigen. Den Spinat 2 bis 3 Minuten in der Pfanne mitköcheln, Hitze reduzieren. Mit Salz und Pfeffer würzen.

In der Zwischenzeit in einem Topf die Margarine erhitzen, Mehl unterrühren, mit Milch vermischen und die Sauce mit Muskatnuss, Salz und Pfeffer abschmecken.

In einer Auflaufform Gnocchi, Champignons, Spinat, Walnüsse und Sauce einfüllen, mit Parmesanspänen bestreuen.

The Mediterranean

**»If you're not enough to yourself
you'll never be enough for someone else.«**

Die Zucchini waschen und in Scheiben schneiden. Die Paprikaschoten ebenfalls waschen, halbieren, entkernen und in mundgerechte Stücke schneiden. Die Zwiebeln schälen, würfeln. Alles in einer Pfanne mit Olivenöl bei mittlerer Hitze für 5 Minuten anbraten. Rosmarinnadeln und Thymianblätter abzupfen und in die Pfanne geben.

Rucola waschen, trocken schleudern oder tupfen und die langen Stiele kürzen. Die Brotscheiben mit der Olivenpaste und dem Frischkäse bestreichen, mit Rucola belegen und das Gemüse aufhäufeln. Zum Schluss mit Honig beträufeln und mit Rosmarinnadeln bestreuen.

Tipp: Geröstet oder getoastet schmeckt das Brot noch besser.

4 Portionen

2 Zucchini

2 Paprikaschoten

2 rote Zwiebeln

4 EL Olivenöl

2 Zweige Rosmarin

2 Zweige Thymian

2 Bund Rucola

4 Scheiben Brot
(optional: glutenfrei)

4 EL Olivenpaste

100 g Ziegenfrischkäse

4 EL Honig (vegan: Dattel-
oder Ahornsirup)

SWEETS FOR MY SWEETIES

Always eat
WITH JOY

Kokosnuss-Brownies

»Be the reason why someone believes in the goodness of people.«
KAREN SALMANSOHN

Backofen auf 170 °C vorheizen. Die Banane schälen und mit der Gabel zerdrücken. Erst die trockenen Zutaten wie die Mehle, den Kakao, den Kokosblütenzucker, Salz und die Kokosraspeln vermischen. Dann mit Mandelmus, Ahornsirup, dem Kokosnussdrink, dem Öl und der Banane zu einem geschmeidigen Teig verrühren.

Eine Brownieform leicht ölen, den Teig einfüllen und 25 bis 30 Minuten backen.

Mit Kokosraspeln toppen und auskühlen lassen.

 Tipp: Achte darauf, den Brownie nicht zu überbacken, damit er schön weich und saftig bleibt.

6 Portionen

1 Banane

130 g Mandelmehl

40 g Kokosmehl

50 g Kakao (zum Backen)

50 g Kokosblütenzucker

1 Prise Salz

30 g Kokosraspeln

50 g Mandelmus

100 ml Ahornsirup

100 ml Kokosnussdrink (oder andere pflanzliche Milch)

1 EL Kokosöl

Topping:

3 EL Kokosraspeln

Carrot Cake Muffins

»Let yourself be your priority.«

6–8 Portionen

2 Möhren

1 Apfel

1 Bio-Zitrone

50 g Walnusskerne

250 g Mehl

100 g Mandelmehl

½ Packung Backpulver

1 EL Vanillepulver

3–4 EL Zimtpulver

½ TL Natron

½ TL frisch geriebene
Muskatnuss

180 ml Mandelmilch

100 g Xylit

60 ml Öl

optional: Walnuss-
oder Pekannusskerne

Den Backofen auf 180 °C vorheizen. Die Möhren schälen und fein raspeln. Den Apfel waschen, halbieren, entkernen und ebenfalls fein raspeln. Zitrone waschen, Schale abreiben, die Frucht halbieren und auspressen. Walnüsse hacken.

In einer Schüssel erst alle trockenen Zutaten wie die Mehle, Back-, Vanille- und Zimtpulver, Natron, Zitronenschale, Walnüsse und Muskatnuss mischen. In einer zweiten Schüssel Mandelmilch mit Xylit und dem Öl verquirlen. Die trockene Mischung unterrühren, bis ein Teig entsteht. Dann Möhren, Apfel und Zitronensaft untermischen. Portionsweise in eine leicht geölte Muffinform füllen.

25 bis 30 Minuten backen, bis kein Teig mehr am Stäbchen kleben bleibt. Optional können die Muffins mit gehackten Nüssen garniert werden.

No-bake Cookie Dough Bars

»Your future needs you. Your past doesn't.«

Die Mandeln im Mixer sehr fein mahlen. Helles und dunkles Mandelmus, die Schokoladendrops, die Sultaninen, das Vanilleextrakt, das Kokosöl und den Ahornsirup mit den gemahlenen Mandeln zu einem cremigen Teig verarbeiten. In eine eckige oder runde Form geben.

Für die Schokoladenschicht in einem Topf bei mittlerer Hitze das Kokosöl, den Ahornsirup, die Schokolade und das Kakaopulver unter ständigem Rühren mischen und erwärmen. Die Schokocreme über die Nussbasis streichen.

Form 30 Minuten in den Gefrierschrank stellen. 5 Minuten vor dem Servieren herausnehmen, die Masse antauen lassen und in kleine Riegelformen schneiden.

Tipp: Ich bereite mir das gerne vor und lagere es im Kühlfach. So habe ich immer eine super leckere und gesunde Schlemmerei daheim.

10 Portionen

Cookie Dough:

100 g Mandeln

50 g helles Mandelmus

50 g dunkles Mandelmus (crunchy)

1 EL Schokoladendrops

1 EL Sultaninen

30 ml Vanilleextrakt

2 EL Kokosöl

2 EL Ahornsirup

Schokoladenschicht:

2 EL Kokosöl

2 EL Ahornsirup

25-30 g Schokolade, zartbitter (80 %)

1 EL Kakaopulver (zum Backen)

Süßkartoffel-Brownies

»Denk immer daran, mit einem Traum
ins Bett zu gehen und einem Grund aufzustehen.«

10 Portionen

600 g Süßkartoffeln

15 Medjool-Datteln
(entsteint)

100 g Mandelmehl

120 g Mehl
(optional: glutenfrei)

2 EL Kokosöl

8 EL Kakaopulver
(zum Backen)

8 EL Ahornsirup

1 TL Vanilleextrakt

1 TL grobes Meersalz

Topping:

3 EL Kokosöl

3 EL Ahornsirup

3 EL weißes Mandelmus

Die Süßkartoffeln schälen, in grobe Stücke schneiden und 20 Minuten im kochenden Wasser weich garen, abgießen, auskühlen lassen. Den Backofen auf 180 °C vorheizen.

Die Süßkartoffelstücke mit den Datteln und 2 EL Wasser im Mixer pürieren.

In einer Schüssel die Mehle, das Kokosöl, das Kakaopulver, den Ahornsirup, den Vanilleextrakt und das Meersalz vermischen. Anschließend die Süßkartoffel-Dattel-Paste unterrühren, bis ein geschmeidiger Teig entsteht.

Den Teig in eine leicht geölte Brownieform fließen lassen und 45 Minuten backen, bis kein Teig mehr bei der Stäbchenprobe kleben bleibt. Eine halbe Stunde auskühlen lassen.

In einem Topf alle Zutaten für das Topping bei mittlerer Hitze 1 Minute verrühren. Die fertige Schokosauce über den Brownie gießen. Mindestens 1 Stunde im Kühlschrank auskühlen lassen.

No-bake Chunky Chocolate Squares

»Let go of your story so the universe can write a new one for you.«
MARIANNE WILLIAMSON

Die Datteln vorab in 200 ml heißem Wasser einweichen. Das Kokosöl in einem Topf bei mittlerer Hitze erwärmen und schmelzen. Die Cranberrys, die Mandeln, die Cashewkerne und die Pistazien grob hacken. Die eingeweichten Datteln mit dem Kokosöl und den gehackten Cranberrys, Mandeln, Cashewkernen und Pistazien vermischen, dabei die Sultaninen und Sonnenblumenkerne hinzufügen.

Den fertigen geschmeidigen Teig in eine quadratische Form (26 cm) geben. Im Gefrierfach mindestens 30 Minuten kühlen.

In einem Topf die Kakaobutter bei schwacher Hitze schmelzen lassen, dann mit dem Ahornsirup, dem Vanilleextrakt, dem Kakaopulver und dem Kokosöl verrühren. Die fertige Mischung über die Nussbasis geben. Nach Belieben mit Nüssen, Kernen oder Beeren verzieren.

Für weitere 30 Minuten ins Gefrierfach stellen. 5 Minuten antauen lassen. Dann in quadratische Riegel schneiden.

10 Portionen

15 Medjool-Datteln (entsteint)

5 EL Kokosöl

100 g Cranberrys

100 g Mandeln

100 g Cashewkerne

100 g Pistazienkerne

250 g Sultaninen

100 g Sonnenblumenkerne

Topping:

150 g Kakaobutter

150 ml Ahornsirup

30 ml Vanilleextrakt

50 g Kakaopulver (zum Backen)

1 TL Kokosöl

optional: Nusskerne, Kerne und Beeren zum Verzieren

No-bake Oatmuffins

**»People change, things go wrong,
shit happens and life goes on.«**

10 Portionen

80 g Pekannusskerne
(alternativ: Walnusskerne)

200 g Haferflocken
(optional: glutenfrei)

100 g Erdnussbutter

100 g Honig
(vegan:
Dattel- oder Ahornsirup)

3 EL Kokosöl

3 EL Ahornsirup

3 EL Kakaopulver
(zum Backen)

optional: gefrorene Beeren

Nüsse grob hacken. Dann Haferflocken, Nüsse, Erdnussbutter und Honig miteinander verrühren. Die Mischung in eine geölte Muffinform füllen.

Für die Glasur in einem Topf das Kokosöl, den Ahornsirup und das Kakaopulver bei mittlerer Hitze 1 bis 2 Minuten verrühren. Diese Mischung über die Muffins gießen.

Das Muffinblech 30 Minuten in den Gefrierschrank geben. 5 bis 10 Minuten vor dem Verzehr rausnehmen und bei Raumtemperatur stehen lassen.

Optional können noch gefrorene Beeren obendrauf gelegt werden.

 **Tipp: Eine leckere Alternative für einen kleinen Snack oder als schnelles Frühstück to go.**

Apfelkuchen

»Aus Liebe zu sich selbst, zu anderen und zum Leben sollte man gut auf sich aufpassen!«

Den Backofen auf 170 °C vorheizen. Die Äpfel waschen, halbieren und entkernen. Zwei Äpfel in kleine Stückchen schneiden, den dritten in feine Scheiben. Zitrone waschen und die Schale abreiben.

Mehl, Xylit, Backpulver und Vanillepulver mit der Mandelmilch, dem Kokosöl und dem Apfelmus zu einem geschmeidigen Teig verarbeiten, Apfelstückchen unterrühren.

Eine Springform (28 cm) leicht ölen, den Teig einfüllen, glatt streichen und mit Apfelscheiben in zwei Kreisen wie eine Blume belegen. Etwas Zucker und Zimt darüberstreuen und etwa 50 Minuten backen. Nach 30 Minuten mit Alufolie bedecken, damit der Kuchen nicht zu braun wird.

Zum Servieren nach Belieben mit Puderzucker bestreuen.

Tipp: Mein liebstes Rezept. Kinderleicht, schnell gemacht, gesund, frisch und extrem lecker.

10 Portionen

3 Äpfel

1 Bio-Zitrone

200 g Mehl
(optional: glutenfrei)

100 g Xylit

1 Packung Backpulver

1 EL Vanillepulver

120 ml Mandelmilch

100 ml Kokosöl

100 g Apfelmus

1 TL Kokosblütenzucker
oder Xylit

1 TL Zimtpulver

optional: Puderzucker
zum Betreuen

Peanutbutter Chocolate Cake

»When you know yourself you're empowered, when you accept yourself you're invincible.«

10 Portionen

180 ml Ahornsirup

180 ml Mandelmilch

250 g Erdnussbutter

30 ml Vanilleextrakt

1 TL Backpulver

5 TL Kakaopulver
(zum Backen)

150 g Mandelmehl

1 Prise Salz

Schokoladenschicht:

3 EL Kokosöl

3 El weißes Mandelmus

3 EL Ahornsirup

3 EL Kakaopulver
(zum Backen)

Den Backofen auf 180 °C vorheizen. In einer Schüssel zunächst den Ahornsirup, die Mandelmilch, die Erdnussbutter und den Vanilleextrakt vermischen. Dann mit dem Backpulver, dem Kakao, dem Mandelmehl und Salz zu einem geschmeidigen Teig verrühren.

Den Teig in einer mit Backpapier ausgelegten Springform gleichmäßig verstreichen und 35 Minuten backen. Anschließend mindestens 10 Minuten auskühlen lassen.

Für die Schokoladenschicht in einem Topf das Kokosöl, das Mandelmus, den Ahornsirup und das Kakaopulver 1 Minute unter ständigem Rühren bei mittlerer Hitze erwärmen. Die Mischung über den Kuchen fließen lassen. Im Kühlschrank 1 Stunde auskühlen lassen.

Tipp: Ich verwende für den Kuchen eine kleine runde Springform, für eine große Kuchenform sollten die Zutaten verdoppelt werden.

Marzipanblondies

»Everything happens for a reason.«

Den Backofen auf 180 °C vorheizen. Die Kichererbsen in einem Sieb abtropfen lassen, im Mixer pürieren.

Zuerst alle trockenen Zutaten wie die Mehle, den Kokosblütenzucker, das Backpulver und die Chiasamen vermischen.

Dann Kichererbsen, Mandelmilch, Kokosmilch, Mandelmus, Mandel- und Vanilleextrakt und Ahornsirup in einer zweiten Schüssel verrühren. Die trockene Mischung unterrühren, bis ein cremiger, dickflüssiger Teig ensteht. Wenn er zu flüssig ist, mit etwas Kokosmehl andicken.

Zum Schluss die Schokodrops hinzufügen. Den Teig 10 bis 15 Minuten ziehen lassen.

Eine quadratische Form (26 cm) mit Backpapier auslegen und den Teig hineingießen. 35 Minuten backen, bis er goldbraun ist und kein Teig bei der Stäbchenprobe kleben bleibt.

10 Portionen

1 Dose Kichererbsen (265 g)

100 g Mandelmehl

30 g Kokosmehl

80 g Kokosblütenzucker

1 EL Backpulver

3 EL Chiasamen

200 ml Mandelmilch

80 ml Kokosmilch (aus der Dose)

80 g helles Mandelmus

½–1 EL Mandelextrakt

1–2 EL Vanilleextrakt

2 EL Ahornsirup

40 g Schokodrops (Backregal)

Schokoladenmousse

»Your mind is a magnet.«

4 Portionen

2 Bananen

2 Avocados

5–6 EL Kakaopulver
(zum Backen)

4 Medjool-Datteln (entsteint)

1 Prise Salz

80 ml Haselnussmilch

2 EL Dattelsirup

Crunch:

Kokosraspeln und Kakaonibs

Die Bananen schälen. Die Avocados halbieren, die Steine entfernen und das Fruchtfleisch schälen.

Die Bananen, das Avocadofruchtfleisch, das Kakaopulver, die Datteln und Salz mit der Haselnussmilch und dem Dattelsirup vermixen. Die Mousse in eine Schüssel füllen und für den Crunch mit Kokosraspeln und Kakaonibs toppen.

Im Kühlschrank 2 Stunden kalt stellen.

Danksagung

Mit diesem Buch geht wirklich ein Traum in Erfüllung. Auch wenn es mich schon fast traurig stimmt, hiermit die letzten Zeilen zu schreiben, fühle ich mich einfach nur überglücklich, dass dieser Traum jetzt real geworden ist. Ohne euch wäre das nicht möglich gewesen, deswegen möchte ich mir einen Moment Zeit nehmen, mich zu bedanken.

Ganz besonders großer Dank gilt jedem Leser und Follower. Zu hören, wie viele Menschen sich für einen gesunden Lebensstil interessieren und wie euch meine kleinen Lebensweisheiten, Tipps und Rezepte helfen, etwas bewusster und glücklicher zu sein, macht mich unfassbar stolz. Ihr seid eine wahre Inspiration. Auch möchte ich mich bei meiner Familie bedanken. Meine Mama, meine größte Unterstützerin, die mir die nötige Portion Selbstvertrauen und extra viel Liebe mitgegeben hat, meine Schwester, die mir die Idee mit dem Buch schon vor Jahren in den Kopf gesetzt hat, und mein Vater, von dem ich meine Leichtigkeit habe.

Ein riesen Danke auch an meinen Freund Jerome, der immer für mich da ist und mich mit extra viel Liebe versorgt hat.

Danke auch an all meine Freunde, mit denen ich unzählige tolle Kochabende hatte, Ratschläge einholen kann und die besten Vibes kriege.

Mein Dank geht natürlich auch an meinen Manager Michi, der mich bei all meinen verrückten Ideen unterstützt und immer meinen Rücken stärkt.

Zuletzt danke an alle, die bei der Umsetzung des Buches geholfen haben, der ZS Verlag und vor allem Stephan Strauß und sein Team von 31Media.

Man ist immer nur so gut wie sein Team.

So viel Liebe für euch!

A

Apfelkuchen 139

Ahornsirup
- Avocado-Brot 64
- Baked Blueberry Oatmeal 76
- Bananen-Pancakes 75
- Beerige Smoothie Bowl 71
- Chocolate Smoothie Bowl 72
- Gebackene Auberginen 87
- Healthy Häppchen 106
- Honig-Kürbis 97
- Kokosnuss-Brownies 127
- Marzipanblondies 143
- Mexican Mansch 116
- No-bake Chunky Chocolate Squares 135
- No-bake Cookie Dough Bars 131
- No-bake Oatmuffins 136
- Nuss-Porridge 68
- Peanutbutter Chocolate Cake 140
- Selbstgemachtes Granola 67
- Süßkartoffel-Brownies 132
- Süßkartoffel-Toast 79
- The Mediterranean 123
- Ziegenkäse-Salat 93

Avocado
- Avocado-Brot 64
- Chocolate Smoothie Bowl 72
- Meine Dip-Variationen 82
- Schokoladenmousse 144

B

Baked Blueberry Oatmeal 76

Baked Gnocchi 120

Bananencurry 109

Bananen-Pancakes 75

Beerige Smoothie Bowl 71

C

Carrot Cake Muffins 128

Chocolate Smoothie Bowl 72

F

Feta
- Avocado-Brot 64
- Gebackener Feta 94
- Honig-Kürbis 97
- Modern Greek Salad 84
- Süßkartoffel-Toast 79
- The Greek 63

Feurige Pasta 119

G

Gebackene Auberginen 87

Gebackener Feta 94

Grünes indisches Curry 101

H

Haferflocken
- Baked Blueberry Oatmeal 76
- Bananen-Pancakes 75
- Beerige Smoothie Bowl 71
- Chocolate Smoothie Bowl 72
- Nuss-Porridge 68
- Selbstgemachtes Granola 67

Healthy Häppchen 106

Homemade Gnocchi 110

Honig
- Avocado-Brot 64
- Healthy Häppchen 106
- Honig-Kürbis 97
- Meine Dip-Variationen 82
- No-bake Oatmuffins 136
- Süßkartoffel-Toast 79
- The Mediterranean 123
- Ziegenkäse-Salat 93

K

Kokosnuss-Brownie 127

Kokosöl
- Apfelkuchen 139
- Bananen-Pancakes 75
- Kokosnuss-Brownies 127

- Marokkanischer Blumenkohl-Reis 113
- Marzipanblondies 143
- No-bake Chunky Chocolate Squares 135
- No-bake Cookie Dough Bars 131
- No-bake Oatmuffins 136
- Nuss-Porridge 68
- Peanutbutter Chocolate Cake 140
- Schokoladenmousse 144
- Selbstgemachtes Granola 67
- Süßkartoffel-Brownies 132
- Süßkartoffel-Toast 79

M

Mandelmilch
- Apfelkuchen 139
- Baked Blueberry Oatmeal 76
- Bananen-Pancakes 75
- Carrot Cake Muffins 128
- Marzipanblondies 143
- Nuss-Porridge 68
- Peanutbutter Chocolate Cake 140
Mandelmus
- Beerige Smoothie Bowl 71
- Chocolate Smoothie Bowl 72
- Kokosnuss-Brownies 127
- Marzipanblondies 143
- No-bake Cookie Dough Bars 131
- Peanutbutter Chocolate Cake 140
- Süßkartoffel-Brownies 132
- Süßkartoffel-Toast 79
Marokkanischer Blumenkohl-Reis 113
Marzipanblondies 143
Mediterrane Pasta 98
Meine Dip-Variationen 82
Mexican Mansch 116
Modern Greek Salad 84

N

No-bake Chunky Chocolate Squares 135
No-bake Cookie Dough Bars 131
No-bake Oatmuffins 136
Nuss-Porridge 68

P

Peanutbutter Chocolate Cake 140

S

Schokoladenmousse 144
Selbstgemachtes Granola 67
Süßkartoffel-Brownies 132
Süßkartoffel-Toast 79

T

The Greek 63
The Mediterranean 123

V

Vegan Creamy Pasta 90
Veggie-Lasagne 105

W

Walnusskerne
- Baked Blueberry Oatmeal 76
- Baked Gnocchi 120
- Carrot Cake Muffins 128
- Meine Dip-Variationen 82
- No-bake Oatmuffins 136
- Selbstgemachtes Granola 67

Z

Ziegenkäse-Salat 93
Zimt
- Apfelkuchen 139
- Baked Blueberry Oatmeal 76
- Bananencurry 109
- Bananen-Pancakes 75
- Carrot Cake Muffins 128
- Gebackene Auberginen 87
- Honig-Kürbis 97
- Meine Dip-Variationen 82
- Marokkanischer Blumenkohl-Reis 113
- Nuss-Porridge 68
- Selbstgemachtes Granola 67
- Süßkartoffel-Toast 79

© 2019 ZS Verlag GmbH
Kaiserstraße 14 b
D-80801 München

ISBN 978-3-89883-958-7
1. Auflage 2019

Projektleitung & Produktion: 31Media GmbH, Stephan Strauß
Rezepte: Sofia Tsakiridou
Text: Sofia Tsakiridou & Alexandra Brosowski
Grafisches Konzept, Layout, Satz: affaire populaire; Bianca Domula
Redaktionelle Mitarbeit: Kathrin Mayr
Rezeptfotografie: Ben Fuchs
Foodstyling: Rico Schacht & Sofia Tsakiridou
Coverbild & Moodbilder: Marie Schmidt
Herstellung: Frank Jansen
Producing: Jan Russok
Druck & Bindung: optimal media GmbH, Röbel

Im Buch enthaltene Fotos können zur eigenen Nutzung erworben werden
unter www.stockfood.com

Die ZS Verlag GmbH ist ein Unternehmen der Edel SE & Co. KGaA, Hamburg.
www.zsverlag.de | www.facebook.com/zsverlag